부담 없이, 가볍게
저녁 30분 다이어트를
시작해볼까요?

레시피팩토리는 행복 레시피를
만드는 감성 공작소입니다.
레시피팩토리는 모호함으로 가득한
세상 속에서 당신의 작은 행복을 위한
간결한 레시피가 되겠습니다.

저녁 30분
누구나
다이어트

집콕해도 살찌지 말자!
15분 저녁식사 + 15분 홈트

contents

020 chapter 1
아삭아삭, 충분한 한 끼가 되는
샐러드 저녁식사

- 022 통깨 드레싱 닭가슴살구이
- 024 닭가슴살 너겟 샐러드
- 026 시리얼 달걀 샐러드
- 028 두부스테이크 샐러드
- 030 연두부 샐러드
- 032 구운 쇠고기 샐러드
- 034 새송이버섯 쇠고기 샐러드
- 036 레몬크림 새우
- 038 하와이안 새우 샐러드
- 040 꿀배즙 육회 샐러드
- 042 마늘 후레이크 골뱅이
- 044 골뱅이 부추 샐러드

046 chapter 2
든든하게 챙기고 싶은 날
밥&면&빵 저녁식사

- 048 닭가슴살 토마토밥
- 050 연어 녹차밥
- 052 닭가슴살 차슈덮밥
- 054 자투리채소 달걀밥전
- 056 실곤약 잡채
- 058 골뱅이 실곤약비빔면
- 060 골뱅이 두부면볶음
- 062 두부패티 버거
- 064 동남아풍 라이스페이퍼 피자
- 066 고구마 핫케이크
- 068 브레드 푸딩
- 070 오트밀 크레페
- 072 단호박 오트밀수프
- 074 닭가슴살 오트밀죽
- 076 게맛살 고구마 수프

004 intro
다정 & 다미, 안자매의
다이어트 스토리

- 006 **intro 1**
  상반된 체질, 체형, 취향을 가진 안자매를 소개합니다
  - 006 언제든 살찔 준비가 되어 있는 몸뚱이를 가진
    일생 다이어터언니 '안다정'
  - 008 몸도, 체력도 답이 없어 관리를 계속 해야 하는
    일생 비실이 동생 '안다미'

- 010 **intro 2**
  왜 다이어트는 '저녁 시간'이 중요한 걸까요?
  - 011 다정쌤 talk! 왜 다이어트에는 '저녁식사'가 중요한 걸까요?
  - 016 다미쌤 talk! 왜 다이어트에는 '저녁 홈트'가 좋은 걸까요?

- 018 **intro 3**
  안자매와 함께하는 다이어트 생활 체크 리스트

078 **chapter 3**
조금은 멋스럽게 즐기는
스페셜 저녁식사

- 080 꿀치킨
- 082 오코노미야키
- 084 채소 듬뿍 두부찜
- 086 참치 타다키
- 088 깻잎 쇠고기 두부소보로
- 090 타르타르 소스 연어구이
- 092 게맛살 그라탕
- 094 양송이버섯 카나페
- 096 에그롤
- 098 메네멘
- 100 토마토수프
- 102 자투리채소 프리타타
- 104 채소라자냐
- 106 라이스페이퍼 군만두
- 108 두유 에그슬럿

110 **chapter 4**
미리 만들어두고 즐기는
다이어트 간식

- 112 토마토 셔벗
- 113 두유푸딩
- 114 당근케이크 쉐이크
- 115 레몬타르트 쉐이크
- 116 꿀바나나 연두부
- 117 고구마칩
- 118 치즈과자
- 119 통밀 베이글칩
- 120 통밀 또띠야칩
- 121 닭가슴살 육포
- 122 라이스페이퍼 호떡
- 123 두부 초콜릿 스프레드
- 124 그릭 요거트바
- 125 미니 그래놀라바
- 126 사과잼 과자
- 127 오트밀 바
- 128 오트밀 쿠키
- 129 프로틴빵
- 130 바나나 컵빵
- 131 오버나이트 오트밀

132 **chapter 5**
매일 저녁 15분!
필라테스 홈트

- 134 필라테스 홈트 기본 알아두기
    - 134 기본 호흡하기
    - 135 롤 다운 & 롤 업 (Roll-down & Roll-up)
    - 136 골반 중립 & 복부 수축
    - 137 컬업 (Curl up)
- 138 day 1 미운 팔뚝살 & 둥근 어깨 없애기
- 140 day 2 옷태 살리는 힙업 운동
- 142 day 3 속옷 위로 올라오는 등살 어쩌지?!
- 144 day 4 통자 허리 탈출하기
- 146 day 5 허벅지 안쪽 살, 너네 그만 이별해
- 148 day 6 삐져나오는 겨드랑이살 작별하기
- 150 day 7 중력을 거스르는 엉덩이 운동
- 152 day 8 굽은 등, 쫙 펼쳐볼까?
- 154 day 9 납작한 아랫배 만들기
- 156 day 10 극세사 다리 완성하기
- 158 유연성, 근력 모두 잡는 1분 스트레칭
    - 158 옆구리 스트레칭
          엉덩이 스트레칭
    - 159 장요근 & 앞허벅지 스트레칭
          종아리 & 뒷허벅지 스트레칭
- 160 생리 중 추천!
       혈액 순환을 도와 몸의 부기를 빼는 스트레칭
    - 160 가자미근 & 햄스트링 스트레칭
    - 161 고관절 스트레칭

- 162 부록 1 나의 상황에 맞춰 다이어트 식단을 짜보세요!
- 164 부록 2 난이도 & 상황에 맞춰 하루 홈트 계획을 짜보세요!

- 166 index 가나다 순 / 주재료 별

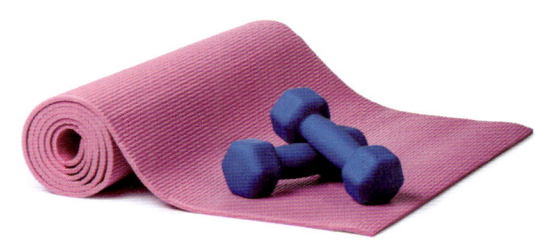

다정 & 다미, 안자매의
다이어트 스토리

언니 안다정

맛있게 먹고 즐겁게 운동하기!
#요리하는필라테스강사 #다정팁

동생 안다미

다이어트는 운동과 식단 밸런스가 가장 중요
#다미쌤 #매일홈트 #더삼공일필라테스

상반된 체질, 체형, 취향을 가진 안자매를 소개합니다

언제든 살찔 준비가
되어 있는 몸뚱이를 가진
`일생 다이어터`
언니 '안다정'

20살, 굶는 다이어트로 얻은 마른 몸과 식이장애

'다이어트'. 제 인생에서, 아니 저의 하루에서 절대 빠질 수 없는 중요한 단어입니다.
과거에도 그랬고, 지금도 말이지요. 중고등학교 시절에는 '보통'의 체형이었어요.
다들 그러하듯 20살이 되면서 예뻐지고 싶은 생각이 들었고,
인생 처음으로 마르기 위한 다이어트를 시작하게 되었습니다.
다이어트를 해본 분들이라면 아실 거예요. 어릴 때는 한 끼만 굶어도 살이 쫙쫙
빠진다는걸. 그걸 알기 시작한 그때는 굶는 다이어트를 했고, 성공했지요.
물론 불안한 마음에 식욕 억제제를 처방받기도 하고, 절제력이 떨어져 식욕이 폭발해버리면
내일이 없는 것처럼 폭식을 하고 또 굶는 악순환이 계속 이어졌지만요.

그렇게 해서 얻은 것은 마른 몸, 그리고 식이장애. 한창 예쁠 나이인 20대 초반에는
식욕을 누르느라 시간을 다 보내버린 것 같습니다. 그렇게 길 잃은 다이어터가 되고 나니
살에 대한 강박을 떨칠 수 있을지 매일이 고민이고 숙제였지요.

한 달 반 만에 15kg가 찌다니…

이래서는 안되겠다는 생각에 운동을 시작했습니다. 처음에는 집에서 비디오를 보면서
따라 했어요(생각해 보면 이게 홈트의 시작이 아닌가 싶습니다).
끈기 있는 성격 덕분인지, 20대 초반의 잘못된 다이어트에 대한 반성 때문인지-
이왕 시작한 운동인 만큼 끝까지 해보자는 생각으로 홈트부터 웨이트, 요가, 달리기 등
다양하게 접했고, 덕분에 식이장애는 많이 고칠 수 있었어요. 그러던 중 호주에 있던
동생 다미를 따라 워킹홀리데이를 가게 되었지요. 스스로 짠 프로그램을 지키며
적절한 운동과 식사로 48kg 몸으로 살던 제 삶은 호주에서 완전히 바뀌게 되었습니다.

호주에서 만난 초콜릿, 과자는 정말 신세계였어요. 먹어 보신 분들은 알 거예요. 어찌나
달고 맛있는지. 외출하고 돌아오면 늘 한가득 사 와서 먹기 일쑤였지요. 오죽하면 동생이
가방 속 초콜릿을 보며 매번 잔소리를 했지만 포기할 수가 없었습니다. 그런 망가진
패턴의 생활을 한 덕분에 호주에서 지낸 지 한 달 반만에 무려 15kg가 증가했지요.

호주에서는 공부와 함께 다양한 곳에서 아르바이트도 했었는데요,
그중 하나가 이태리 요리 전문 레스토랑이었어요. 먹는 것을 워낙 좋아하다 보니
주방에서 일을 하며 배운 요리도 많았고, 먹기도 정말 엄청 먹었습니다.
맛보느라, 재료가 남아서, 맛이 궁금해서- 이유도 다양했지요. 차라리 한 끼를
제대로 먹은 거면 괜찮은데 일하는 도중 야금야금 먹은 것들이다 보니 늘 식사를
안 한 기분이었고, 자정이 넘어 퇴근하고서는 제대로 된 '첫 끼'를 먹어야 한다는 생각에
밥 한 그릇을 매일 뚝 했지요. 그러니 15kg 찌는 것은 식은 죽 먹기였을 거예요.
그래도 1년에 15kg 증가 정도로 막을 수(?) 있었던 것은 홈트의 영향이 컸던 것 같아요.
흥 많은 안자매답게 아무리 피곤해도 매일 운동을 했거든요.

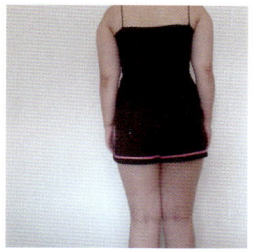

호주에서 15kg 쪘을 때의 모습

평생 함께 할 다이어트, 조급하게 말고, 천천히 하기로 결심하다

호주를 다녀온 이후 또다시 다이어트에 대한 생각이 바뀌었습니다.
평생 몸무게 48kg 일 줄 알았지만 찰나의 순간에 확 찌는 저를 보며
'내 인생에서 다이어트는 끝이란 없는 거구나. 함께 갈 동반자구나'라고요.
그렇게 생각하니 되려 마음이 편했어요. 조급함도 많이 사라졌고요.
나라는 사람에 대해 정확히 알 수 있는 계기가 되었거든요.

절대 빼먹을 수 없는 운동

먹는 걸 좋아하는 저답게 간이 하나도 안된 맛없는 닭가슴살, 고구마를 듬뿍 먹느니
맛있게 요리를 만들되 양을 줄이고, 운동을 생활의 일부로 넣기로 했어요.
운동은 필라테스로 정착하게 되었고요. 필라테스로 결정한 이유 역시 생활에
운동이 계속 녹아들었다는 점이 가장 컸지요. 다른 운동은 오늘 운동 끝!과 함께
마무리가 된다면 필라테스는 바른 자세, 제대로 근육을 사용하는 것이 1순위인 만큼
평소에도 계속 몸을 의식하는 저를 발견할 수 있었거든요.

필라테스 스튜디오에서 진행한
다이어트 간식 쿠킹클래스

먹는 대로 살이 찌는 저와는 다르게 부실 체력으로 힘들어하는 동생 다미에게도 건강을 위해
필라테스를 권했고, 함께 필라테스 강사를 목표로 자격증을 땄습니다. 이후 우리와
같은 고민을 가진 분들을 가까이에서 만날 수 있는 필라테스 스튜디오를 마련하기 위해
시간제 필라테스 강사를 했고, 또 식당도 2년 정도 운영했어요. 이런저런 고비가 참
많았지만 2016년, 드디어 저희 안자매의 301필라테스 스튜디오를 시작하게 되었답니다.

운동만큼 요리를 만드는 것도, 먹는 것도, 나누는 것도 좋아하는 저이다 보니
회원님들에게는 제가 만든 초간단 다이어트 간식과 레시피를 드렸지요. 그 내용을 기록으로
남기고자 인스타그램에 #다정팁 이라는 해시태그로 올렸고요. 잘 먹으면서도
살을 뺄 수 있다는 점에 공감해 주신 분들 덕분에 이렇게 많은 사랑을 받게 되었답니다.

늘 말랐지만 건강만은 자신 있었다! 하지만…

다정언니와 다르게 저는 늘 말랐던 아이예요. 물론 마르긴 했어도 결코 약하다고 생각한 적은 없었지요. 잔병치레나 큰 병을 앓은 적이 없었거든요. 하지만 대학 입학과 동시에 '나는 마르고 건강하지도 않다'는 것을 알게 되었습니다.

대학에서 방송 관련된 전공을 했어요. 그러다 보니 직접 발로 뛰고, 몸으로 부딪히는 경우가 대부분이었지요. 끼니를 놓치면서 현장을 휘젓다 보니 하교 후 집에 오면 녹초가 되기 일쑤였고요. 그땐 저희 과 친구들이 모두 그런 줄 알았는데 나중에 보니 아니더군요. 스무 살 초반, 다들 생생했고, 저만 매번 그랬던 거였어요. 방송국에 바로 취업을 하게 되었고, 체력은 더 떨어지고, 그게 또 스트레스가 되어 살이 점점 빠지는 악순환이 이어졌습니다. 더 이상의 사회생활은 불가능하다고 판단, 쉬고자 하는 마음으로 호주로 떠나게 되었어요.

몸도, 체력도 답이 없어 관리를 계속 해야 하는

일생 비실이

동생 '안다미'

몸무게 앞자리가 4 → 5로 바뀌었지만 건강해지지는 않았다

나는 절대 살찌지 않는 사람이야,라고 생각하며 평생을 살았는데 호주에서 지내면서 태어나 처음으로 몸무게의 앞자리가 4에서 5로 바뀌었어요. 그렇다고 건강해졌느냐? 그건 또 아니었습니다. 살은 쪘지만 비실비실~ 마른 사람에게 단순히 몸무게 증가가 건강해진다는 의미는 아니었던 거지요.

호주에서 지내는 동안 건강한 생활을 위해 외식 대신 집에서 밥을 만들어 먹었고(다정언니가 거의 만들긴 했어요), 언니와 함께 비디오를 보며 홈트도 했지요. 연예인들의 다이어트 비디오부터 외국 영상까지, 그때는 자세도 신경 안 쓰고 운동한다는 자체에 취해 움직였어요. 그래도 좋았습니다. 우리에게 장소나 시간의 제약은 절대 방해요소가 될 수 없었죠. 매트 하나 없이 카펫 위에서도 운동을 했고, 약속이 있어서 늦게 들어오거나 술을 먹어도 예외는 없었어요. 운동은 습관처럼 치르는 의식이었어요.

이후 한국에 오게 되었고, 그간 호주에서 마구잡이로 한 운동에 늘 아쉬움을 느끼던 찰나에 언니로부터 필라테스를 배워보지 않겠냐는 제안을 받았어요. 처음 필라테스를 배울 때는 정말 힘들었습니다. 기본 체력이나 몸의 중심 근력인 코어가 턱없이 부족하니 (거의 없다고 볼 정도였어요) 자세는 나오지 않았고, 그간 나쁜 습관으로 인해 틀어져 버린 체형 때문에 남들보다 두 세배는 어려웠지요. 그래도 열심히 했고, 언니와 함께 자격증을 딸 수 있었습니다.

**건강한 요리를 맛있고 즐겁게 먹어야
내 몸에 좋은 영양이 흡수된다는 사실!**

자격증을 딴 이후 바로 스튜디오를 차릴 여건이 되지 않아서
필라테스 강사와 고깃집 운영, 두 가지 일을 함께 병행했어요. 스케줄에 맞춰
여기저기 학원을 다니며 필라테스 수업을 하고, 밤에는 장사를 하고.
그 시기에 살이 39kg까지 빠지게 되었습니다.
강사인 제가 회원님들보다 필라테스 자세는 더 나오지 않기도 하고,
너무 말라 안쓰럽다는 이야기도 많이 듣게 되고. 건강한 에너지를 전해야 하는
필라테스 강사로서 자존심도 상했고, 자존감도 많이 떨어졌어요.
그때 저는 운동만 단순히 열심히 했고, 먹는 것은 전혀 신경 쓰지 않았던 거죠.
바쁘다는 이유로 편의점 도시락을 먹거나, 대충 끼니를 때우 식으로요.
하루는 다정언니가 말하더군요. 건강한 요리를 맛있고 즐겁게 먹어야
내 몸에 좋은 영양이 흡수된다고. 그때부터 운동만큼 식사 역시 소중하게 생각하며
매 끼니 잘 차려 먹으려고 애썼어요. 물론 요리를 좋아하고 잘하는
다정언니의 도움이 컸고, 그래서 가능했겠지요.
(그때 함께 만들어 먹은 요리가 이번 책에 다 실렸답니다!)

저희 스튜디오에 오시는 회원분들, 그리고 SNS를 통해 만나는 분들이 자주 말해요.
어떻게 해야 살이 빠지나요? 필라테스 스튜디오를 다니면 날씬해질까요?
저희는 그럼 늘 답합니다. 다이어트는 일상이고 습관이라고.
우리가 매일 일어나서 양치를 하고, 회사를 가고, 학교를 가는 것처럼 그냥
일상에 녹아들어야 하는 거라고. 그렇게 해야 절대 실패하지도, 어렵지도 않다고요.

매일 저녁 홈트를 하며, 건강하고 맛있는 식사를 챙겨주세요.
건강하고 싶다면, 건강하게 다이어트에 성공하고 싶다면 말이지요.
우리 모두 파이팅입니다!

몸무게 39kg,
먹는 것에 신경쓰지 않아
건강과 멀어지던 시기

왜 다이어트는
'저녁 시간'이 중요한 걸까요?

친자매지만 저희는 상반된 체질, 체형, 취향을 가졌어요.
먹는 걸 좋아하고 요리도 뚝~딱 잘 하는, 하지만 조금만 긴장을 늦추면 살이 찌는
언니 안다정, 예민한 편이라서 쉽게 체력이 약해지고, 식단보다는 운동에 더 관심이 많은
동생 안다미- 이렇게 확연히 차이가 있지요.
하지만 이렇게 다른 저희지만 둘 다 꼭 신경 쓰는 것이 있습니다. 바로 저녁 시간에
특히 집중하자!이지요. 다이어트 성공은 저녁에 결정된다는 걸 잘 알거든요.

사람들의 생활 패턴은 제각각입니다. 9시에 출근해서 6시에 퇴근하는 직장인부터
늦은 아점으로 하루를 시작하는 주부, 남들 식사를 챙겨주느라 제대로 된 시간에
밥 먹기는 불가능한 분들 등. 그러다 보니 하루 세끼 제때 식사를 하며 영양소를 골고루
챙겨야 건강한 다이어트를 할 수 있어요-와 같은 이야기는 모두에게 적용되기는 어렵지요.
그래서 저희는 저녁을 신경 쓰세요-를 강조하게 되었답니다.

이런 걸 어떻게 잘 아냐고요? 오랜 시간 함께 만난 회원님들 덕분이지요.
저희 스튜디오에 운동을 다니는 회원님들만 해도 너무 다양한 상황이거든요.
그렇다면 왜 저녁 시간을 신경 써야 하는 걸까요?

다정쌤 TALK

왜 다이어트에는 '저녁식사'가 중요한 걸까요?

사람의 하루를 생각했을 때 오전에 섭취한 음식은 오후에 활동하는 에너지로 쓰이게 돼요. 하지만, 저녁에 섭취한 칼로리는? 낮 시간대 보다 활동이 현저히 적기에 소비되지 않고 우리 몸에 축적되지요. 게다가 저녁에 과식을 하게 되면 소화를 다 시키지 못한 채 잠이 들고, 이어서 바로 아침이 시작되는 경우가 있기에 만성피로와 불규칙한 식사 패턴이 반복된답니다. 그래서 저녁식사를 가볍게, 신경 쓰는 것이 다이어트에 중요해요.

그렇다면 저녁을 굶는 것이 좋지 않냐고요? NO! 저녁을 섭취하지 않은 날은 야식의 유혹에 쉽게 빠지기 때문에 조금이라도 먹는 것이 좋아요. 또 식사를 건너뛰면 우리 몸에서는 언제 음식이 들어올지 모른다는 생각 때문에 지방을 저장, 결국은 살이 찌기도 하지요.

저녁식사, 어떻게 먹는 게 좋을까요?

- ☑ 과식은 절대 금물! 가벼운 저녁식사를 챙기세요.
  매 저녁마다 칼로리를 따지거나 영양 분배를 확인하는 것은 사실상 어렵기에 '살짝 배고프다고 느끼는 정도'의 양이 적합하답니다.

- ☑ 가벼운 저녁식사라고 해서 샐러드만, 또는 고기만 먹는 것은 절대 금물!
  좋은 재료가 골고루 들어가도록 해요.

- ☑ 혈당의 수치를 증가시키는 탄수화물의 섭취를 줄이는 것이 좋아요.
  그렇다고 완전 제로(Zero)가 아닌, 최소로 먹는 것이지요.
  또 하나, 정제된 흰 탄수화물이 아닌 건강한 탄수화물로 선택하세요.

- ☑ 적어도 잠들기 4시간 전에 식사를 권하고, 저녁식사 1시간 이후 홈트를 권장하기 때문에 너무 이르지도 빠르지도 않은 저녁 6~8시 사이에 식사를 하는 것이 좋아요.

다이어트를 위한 저녁식사, 이렇게 하면 더 좋아요!

☑ **무엇보다 지속 가능해야 한다!**

안 먹거나, 극단적인 식단을 하면 분명 효과는 있어요. 하지만 평생 그렇게 살 수는 없잖아요. 그러기 위해서는 지속 가능해야 하고, 식사에 대한 강박이 없어야 합니다. 그래서 저희는 딱 한 끼는 정말 신경 써서 먹자였고, 그게 바로 저녁이었지요. 저도 아침이나 점심으로 다이어트 대표 한 끼인 닭가슴살이나 고구마를 먹는 것이 어렵진 않았어요. 허나, 하루 종일 일하느라 고생했는데 저녁까지 그렇게 먹으려니 못 견디겠더라고요. 아 떡볶이 먹고 싶다, 아 피자 먹고 싶다-라는 생각이 머리를 떠나지 않았고. 그래, ==저녁은 먹고 싶은 요리를 먹자! 무염 닭가슴살 10개보다 떡볶이를 조금 적게, 가볍게 먹자!==라고 생각을 바꿨지요. 그래야 지속 가능하거든요.

☑ **낯선 재료 말고 매일 먹는 그 재료로 요리하기**

다이어트를 한다고 하면 다들 닭가슴살, 달걀, 두부, 방울토마토부터 구매하기 시작해요. 하지만, 내 식사만 챙기면 되는 1인 가구라면 모를까, 가족 식사까지 책임져야 할 주부이거나 부모님과 함께 사는 경우에는 절대 불가능한 일입니다. 따라서 ==냉장고에 자주 있는 익숙한 채소, 과일, 고기로 식사를 만드는 게 중요==해요.

☑ **일반 요리라도 좀 더 가볍고 건강하게**

그렇다면 어떻게 맛있지만 간단하게, 가볍게 만들 수 있을까요? 저 역시 같은 고민을 하며 하나 둘 만들기 시작했고, 그렇게 만든 요리에 #다정팁 이라는 해시태그를 붙여서 기록용으로 인스타그램에 올렸고, 지금까지도 많은 분들이 공감하고 있답니다.

☑ **힘들면 다 포기하니깐, 15분이면 만들 수 있는 초간단 레시피**

바쁜 요즘 시대에 식사 시간을 지키는 것도, 건강하게 챙겨 먹는 것도 버겁게 느껴질 때가 많아요. 그래서 ==15분이면 완성되는, 딱 과정 3개면 되는 초간단 저녁 레시피==가 필요한 거지요. 한두 번만 따라 만들면 다시 레시피를 펼치지 않아도 될 정도로 간단한 요리 말입니다. 이번 책에는 15분이면 되는, 과정 3개로 끝나는 저녁 레시피가 다양하지요. ==샐러드, 밥, 빵, 면, 그리고 일품 스타일까지 모두 만나보세요.==

☑ **그래도 귀찮다면? 미리 밀프렙을 해둬요!**

밀프렙은 말 그대로 식사(meal)와 준비(preparation)의 합성어예요. 요리에 자주 활용하는 재료를 미리 준비해두면 더 간편하고, 빠르게 저녁식사를 완성할 수 있지요. 자세한 밀프렙은 옆페이지 #다정팁 에서 확인하세요!

#다정팁

- 튀기기보다는 굽거나 찌는 조리법
- 가공식품보다는 건강한 채소나 과일, 고기를
- 고기를 선택할 때는 이왕이면 지방이 적은 부위로 (닭다리살보다는 닭가슴살, 삼겹살보다는 지방이 적은 우둔살이나 홍두깨살)
- 여건이 안되는 상황이라면 그 전 끼니의 요리나 집에 있는 음식의 양을 1/3로 줄이고 채소를 곁들여서 한 끼 먹기
- 드레싱이나 양념, 소스는 끼얹지 말고 콕콕 찍어 먹으며 양 조절하기
- 빵, 쿠키는 밀가루 대신 오트밀가루로 만들기
- 매운 요리에는 단맛이 강한 고추장 대신 크러시드페퍼나 청양고추를
- 정제된 흰설탕 말고 비정제 설탕이나 올리고당으로 단맛 더하기

#다정팁

1 - 채소 냉동하기
매번 채소를 사서 손질하는 게 번거롭다보니
종류별로 채소를 구입하거나, 요리하고 남은 채소가 생길 때면
다양한 크기로 썰어 지퍼백에 펼쳐 담아 냉동해요.
익히는 요리에 해동 없이 그대로 넣으면 돼요.

2 - 닭가슴살 익히기
아래의 3가지 방법 중 가장 편한 것으로 골라 익히세요.

1   2   3

방법 1) 냄비에 닭가슴살, 잠길 정도의 물, 월계수잎, 소금 약간을 넣고 센 불에서 9~10분 정도 익히기
방법 2) 닭가슴살에 올리브유 넉넉히 + 후춧가루, 소금 약간으로 밑간한 다음
          에어프라이어에 넣고 180℃에서 12~15분 정도 익히기
방법 3) 닭가슴살에 올리브유 넉넉히 + 후춧가루, 소금, 말린 허브가루로 밑간한 후 지퍼백에 겹치지 않도록 펼쳐 담는다.
          전기밥솥에 지퍼백, 60~70℃ 정도의 따뜻한 물을 붓고 그릇으로 지퍼백을 눌러
          푹 잠기게 한 후 보온기능으로 1시간 30분 정도 익히기

* 닭가슴살은 익힌 후 1개씩 랩으로 감싸 냉동(2주간 보관).
자연해동하거나 전자레인지에서 3~4분 정도 익혀서 먹으면 돼요.

3 - 달걀 삶기
끓는 물에 식초, 소금 약간, 미리 실온에 꺼내둔 달걀을 넣고 반숙은 8분, 완숙은 10분간 센 불에서 삶아요.

4 - 바나나 얼리기
껍질을 벗긴 후 과육만 지퍼백에 펼쳐 얼리세요. 다른 과일이나 채소와 함께
얼린 바나나를 믹서에 갈면 시원한 아이스크림과 같은 식감이 된답니다.

5 - 밥 얼리기
밥을 얼리면 '저항성 전분'을 갖게 돼요. 일반적으로 밥을 먹으면
몸속에서 포도당으로 변하면서 혈당을 올리고, 에너지원인 열량을 만들지요.
하지만, 저항성 전분은 이렇게 되는 것을 저항하는 성질이 있다 보니
그대로 대장까지 내려가면서 흡수가 되지 않아 다이어트에 도움을 줍니다.
따라서 한번 얼린 밥이 더 다이어트에 좋다는 사실! 그리고 더 간편하기도 하고요.
저는 1/3공기(50g)씩 내열용기에 담아 냉동하고, 전자레인지에서 해동한답니다.

☑ **시판 재료도 두루두루 활용해요**

시판 재료를 활용하는 것도 빠르고, 간단하게 요리를 할 수 있는 방법이에요.
저희 안자매가 늘 챙겨두는 시판 재료를 소개합니다. 아래 재료를 사용한 요리도 책에서 만날 수 있어요!

통조림 골뱅이

단백질이 풍부한 재료를 말할 때 닭가슴살이나 쇠고기를 주로 언급하는데요, 저는 골뱅이도 꼭 알려드려요. 지방 함량도 적은데다가 특유의 감칠맛이 있다 보니 요리에 두루두루 활용하기 좋거든요.

시판 닭가슴살

익혀 나온 시판 닭가슴살이에요. 따로 굽거나 삶는 과정이 필요 없고 바로 먹을 수 있다는 편리성이 있어요. 제품마다 훈제나 칠리, 갈비, 크림 등 맛이 추가된 것도 있으니 확인하고 구입해요. 안자매는 '헬스앤뷰티 더 부드러운 닭가슴살'을 애용해요.

실곤약

구약감자로 만드는 곤약은 95% 이상이 수분으로 이루어져 있는 대표 저칼로리 식품이에요. 대부분 묵 형태이지만 국수 형태로도 판매하는데 이를 실곤약이라고 하지요. 국수가 먹고 싶은 날, 실곤약으로 대체한답니다.

두부면

두부로 만든 면이에요. 실곤약과 마찬가지로 밀가루 국수 대신 선택할 수 있는 건강 면이지요. 실곤약이 쫄깃한 식감이라면 두부면은 그와 반대로 톡톡 끊어지는 식감과 고소한 맛을 가졌답니다.

그릭요거트

일반 요거트에 비해 수분이 적어 질감이 단단하고 맛이 진해요. 단백질 역시 1.5배 이상 높고 나트륨과 당 성분은 낮기 때문에 즐겨 먹어요. 그대로 먹어도 좋지만 소스나 드레싱에 활용하기도 제격이지요.

구운 달걀

달걀 삶기도 버겁다! 아니면 사정상 식사 준비가 불가능하다면 편의점에서 판매하는 구운 달걀이나 반숙란을 사 먹어요. 보통 2개씩 포장되어 있어서 양도 딱 적당하지요.

채소믹스

한입 크기로 썬 여러 종류의 채소를 급속 냉동한 제품이에요. 생 채소에 비해서는 맛, 영양이 부족할지 모르지만 채소를 다듬고 손질하는 시간이 부족하다면, 미리 썰어둔 채소가 없다면, 아주 유용하지요. 마트 냉동코너에서 구입 가능.

오트밀 / 오트밀가루

귀리를 납작하게 압착시키거나 부순 것을 오트밀이라고 해요. 이것을 곱게 간 것이 오트밀가루이고요. 주로 흰 밀가루가 들어가는 요리에 오트밀을 대신 사용하는데요, 더 고소하고, 더 건강하게 만들 수 있답니다.

"그렇다면 저녁을 굶는 것이 좋지 않냐고요? NO!
저녁을 섭취하지 않게 되면 야식의 유혹에 쉽게 빠질 수 있기 때문에
가볍고 건강하게 꼭 먹도록 하세요."

다미쌤 TALK

왜 다이어트에는 '저녁 홈트'가 좋은 걸까요?

- ☑ 아침보다 저녁에 하는 운동이 호르몬의 분비를 더 활발하게 해줘요.
  신진대사를 촉진시켜주고 운동효과도 더 극대화할 수 있지요.

- ☑ 저녁 운동을 한 후 수면에 취하면 멜라토닌과 성장 호르몬의 분비가 촉진돼요.

- ☑ 낮에 활동을 했기에 저녁에는 근육이 충분히 이완되어 있어요.
  덕분에 오전에 비해 운동 시 관절에 부담이 적어요.

저녁 홈트, 언제 하는 것이 좋을까요?

저녁식사 1시간 이후, 취침 2시간 전에 하는 것을 추천해요. 식후 바로 운동을 하면
소화가 되지 않은 상태이니 더부룩함과 동시에 되려 소화 기능을 떨어트리기도 하거든요.
또한 잠들기 직전의 과격한 운동은 불면증을 유발할 수 있답니다.
만약 너무 이른 저녁식사로 인해 홈트를 할 힘이 부족하다면?
가볍게 먹을 수 있는 다이어트 간식(110쪽)을 조금 섭취한 후에 하는 것도 좋아요.

홈트를 위해서 준비해야할 것

1 – 운동복

- ☑ **운동 동작이 잘 보이는 옷인가?**
  척추와 몸의 라인이 드러나야
  정확하게 동작을 하고 있는지 알 수 있어요.

- ☑ **허리를 숙이거나 다리를 들었을 때 들춰지지 않는가?**
  매번 옷매무새를 고치다 보면
  운동에 집중력이 떨어지겠죠?

- ☑ **운동 동작을 따라 하기에 적당한 신축성을 가졌는가?**
  너무 타이트한 운동복은 호흡을 방해하고
  몸의 혈액 순환을 막습니다.

2 – 전신거울

거울을 통해 몸의 동작, 균형이 잘 맞는지 확인하는 것이
중요해요. 공간적 여유가 된다면 양팔을 위, 아래로 뻗었을 때
한 번에 보일 수 있는 크기의 큰 전신거울이 좋답니다.

3 – 매트

- ☑ **소재**
  저는 TPE매트를 사용해요. 친환경 소재로 각광받는
  요가 매트인데, 가격대가 있는 편이지만 미끄럼 방지가
  용이해서 균형 잡는 동작시 훨씬 안정적이랍니다.

- ☑ **두께**
  너무 얇으면 동작시 통증이 올 수 있고,
  너무 두꺼우면 균형을 잃곤 해요.
  6~12mm 정도의 두께를 추천합니다.

- ☑ **색깔**
  많은 분들이 밝은 색상을 선택했다가
  관리하기 어려운 경험을 하곤 해요.
  어두운, 혹은 톤 다운 매트를 추천해요.

홈트할 때 주의해야할 점!

☑ **본인의 몸 상태를 정확하게 알고 홈트를 해야 해요**
무릎이 좋지 않은데 잘못된 자세로 스쿼트를 해서
통증을 더 악화시키면 안 되겠죠?
본인의 몸 상태를 스스로 파악한 후 홈트를 시작하세요.

☑ **스트레칭은 필수!**
스트레칭이란 관절의 가동 범위를 늘리는 데 의미가 있는데요,
가동 범위를 늘려놓고 운동을 하게 되면 같은 동작을 해도
더 많이, 더 크게 움직일 수 있어요.
그 말인즉, 칼로리 소모와도 직결된다는 이야기!
스트레칭을 하고 운동을 하면 다이어트에 더 효과적이라는
사실을 잊지 마세요. 물론 부상 방지에도 큰 도움이 된답니다.

☑ **동작은 처음부터 완성하려고 하지 말고, 하나씩~**
사람마다 가진 신체 능력, 아픈 부위는 각양각색입니다.
따라서 모든 동작을 한 번에 처음부터 완성하려고 하다가는
몸에 되려 무리가 올 수 있어요. 천천히, 하나씩 점차
늘려나간다는 생각으로 해주세요.
예를 들어 복근 운동을 할 때 오늘은 상체가 10° 정도 올라왔다면,
내일은 15°, 또 그 다음날은 20°로 말이지요.
하나씩 하나씩 해보세요.

안자매와 함께하는 다이어트 생활 체크 리스트

다이어트가 일상이 되기 위해서는 어느 정도 내 습관으로 만드는 것이 좋아요.
아래 다이어트 생활 체크 리스트를 보면서 매일 얼마나 실천했는지 확인해보세요.
어느 순간이 되면 체크 리스트가 없어도 자연스레 실천하는 나를 볼 수 있을 거예요.

☑ **운동은 매일, 운동에는 핑계 없다!**

> 다정 운동을 1순위로! 매일 몇 시간 이상! 이건 아니고요, 내가 운동할 적절한 분량을 미리 정해두고 그날 그만큼 하지 못하면 잠을 줄인다는 생각으로 '매일' 해주세요.
>
> 다미 맞아요. 이렇게 딱 일주일만 하면 그동안 운동한 게 아까워서 더 집중하게 돼요.

☑ **매일 아침 배에 힘 빡!주고 사진을 찍자**

> 다미 여기서 포인트는 배에 힘을 주는 거예요. 왜냐! 배에 힘을 꾸준히 주다 보면 몸에 적당한 긴장감이 생기게 되고, 평소 바른 자세로 생활할 수 있게 돼요. 또 쏙~ 들어간 배를 보면 건강해지는 기분이 들어서 다이어트 에너지가 더 생기기도 한답니다.

☑ **스스로를 가장 응원하고 위로하자!**

> 다정 운동이며, 식사며 너무 타이트하게 밀어붙이면 가끔 내가 무얼 위해 이러고 있는가라는 허탈감이 올 때가 있어요. 나의 마음을 가장 잘 아는 것은 스스로일 테니 지치는 날에는 토닥여주는 게 중요하지요.
>
> 다미 잘하고 있어, 지금도 충분해, 아자!

☑ **무너졌을 때 움츠러들기보다 하루라도 회복하는 것이 좋다**

> 다미 너무 힘들어서 어두운 동굴로 들어가고 싶은 순간은 누구에게나 있어요. 평생 내 숙제라고 생각하고 하루라고 빨리 에너지를 되찾는 것이 중요해요.
>
> 다정 저도 목표했던 몸무게가 되거나 입고 싶던 옷이 몸에 맞으면 이제는 다이어트는 끝이다!라고 생각했던 때가 있었어요. 여러분, 다이어트는 우리의 일상입니다.

＊다이어트 생활 체크 리스트!
복사해서 눈에 잘 보이는 곳에 딱
붙여두는 건 어떨까요?

☑ **다이어트 동지를 만들자**

다정 한 명이 무너지면 다른 한 명이 이끌어 줄 수 있고,
서로의 컨디션을 봐주며 함께 힘도 낼 수 있잖아요.

☑ **식욕이 올라올 때는
관심사를 바꾸자**

다미 입이 심심하다-싶을 때를 되돌아보면 아무것도 하고 있지 않을 때가 많아요.

다정 맞아요! 계속 먹고 싶다~ 생각하면 더 식욕이 당기는 법!
이때는 움직이세요. 먼지가 쌓인 곳을 청소하거나, 음악을 들으며 걷거나.
식욕 대신 얻는 상쾌함과 가벼움을 즐겨보세요.

☑ **호르몬의 노예가 되는 시기에는
마음을 편하게 갖자**

다미 한 달에 한 번, 생리 기간에는 먹지 않아도 부기로 인해 몸무게 2~3kg은
올라가기 때문에 '이 또한 지나가리라' 주문을 외운답니다. 마음을 편하게 가지는 거죠.
혹, 달콤한 간식이 생각난다면? 110쪽 다이어트 간식으로 대체해보세요.

☑ **바른 자세를 계속 의식하며
유지하자**

다정 처음에는 허리를 곧게 세우는 것조차 힘든 일이지만 의식적으로 반복하면
어느새 구부정한 자세가 오히려 불편한 때가 있을 정도예요. 132쪽에서 소개한 홈트를
내 생활의 일부로 넣고 바른 자세에 대해 계속 의식하는 것이 좋아요.

☑ **숙면을 위해
핸드폰 하다 잠들지 말자**

다미 잠자는 동안에도 많은 에너지가 사용되면서 자연스레 다이어트에 도움이
된답니다. 그러려면 긴장상태 없이 편히 잠드는 것이 좋은데
핸드폰을 하다 잠드는 경우 잠도 늦게 자게 되고 수면의 질을 많이 떨어뜨려요.

chapter 1

아삭아삭, 충분한 한 끼가 되는
샐러드 저녁식사

다이어트하면 가장 먼저 떠오르는 요리,
바로 샐러드지요. 갖가지 채소에 드레싱 하나만
뿌리면 되는 게 샐러드 아니냐고요? NO!

저녁식사로 샐러드를 선택했다면 무엇보다
충분한 한 끼가 될 만큼 맛, 포만감, 영양이 가득해야 합니다.
자칫 너무 가볍게 먹게 되면
늦은 시간에 심한 허기짐을 느껴서
되려 다이어트를 망칠 수도 있기 때문이지요.
그러기 위해서는 가능한 고기, 달걀, 두부, 새우, 골뱅이와 같은
단백질이 가득한 재료를 포함 시키는 것이 좋지요.

생채소를 먹는 것이 어렵다는 분들을 위한 #다정팁 하나!
샐러드라고 해서 꼭 채소가 가득할 필요가 없어요.
인기 안주인 골뱅이무침에 익숙한 들깨 소스를 곁들이면서
채소를 듬뿍 더해도 되고, 연두부에 개운하고 아삭한 씻은 김치를
올려도 샐러드가 되거든요.

참, 드레싱이나 양념은 최소의 양을 더하되
부어 먹기보다는 찍어 먹거나 조금씩 끼얹는 습관 을 들이도록 하세요.
그래야 더 건강하고, 가볍게 한 끼 즐길 수 있답니다.

chapter 1

아삭아삭, 충분한 한 끼가 되는
샐러드
15분 저녁식사

통깨 드레싱 닭가슴살구이

칼로리를 줄이기 위해 드레싱을 한번에 붓지 말고 조금씩 끼얹거나 찍어가며 먹어요.

* 촉촉하게 구운 닭가슴살, 고소한 통깨 드레싱!
마지막 한 입까지 맛있는 든든한 샐러드예요.

재료 / 1인분
- 닭가슴살 1쪽(100g)
- 양상추 5장(손바닥 크기, 또는 다른 샐러드채소)
- 방울토마토 5개
- 식용유 1작은술

통깨 드레싱
- 통깨 간 것 1큰술
- 양조간장 2작은술
- 올리고당 1작은술

작은 볼에 통깨 드레싱 재료를 넣고 섞는다.
방울토마토는 2등분한다.

달군 팬에 식용유를 두르고 닭가슴살을 올려 중간 불에서 앞뒤로 뒤집어가며 노릇하게 4~5분간 굽는다.

그릇에 양상추, 구운 닭가슴살, 방울토마토를 담는다.
통깨 드레싱을 곁들인다.

Tip

닭가슴살을 닭안심으로 대체하기
닭가슴살은 동량(100g)의 닭안심으로 대체해도 좋다.

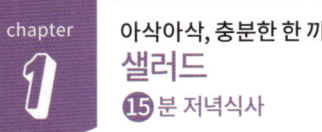

chapter 1 | 아삭아삭, 충분한 한 끼가 되는 **샐러드** 15분 저녁식사

닭가슴살 너겟 샐러드

* 매일 먹는 닭가슴살에 질렸다면?
건강한 재료를 더한 홈메이드 너겟으로 만들어보세요!

재료 / 1인분

- 양상추 5장(손바닥 크기, 또는 다른 샐러드채소)
- 방울토마토 5~6개
- 식용유 1작은술

닭가슴살 너겟

- 닭가슴살 1쪽(100g)
- 다진 채소 1큰술(양파, 쪽파 등)
- 오트밀가루 2큰술
- 카레가루 1/2작은술
- 양조간장 1/2작은술
- 올리고당 1/4작은술
- 소금 약간
- 후춧가루 약간

닭가슴살은 한입 크기로 썰어 믹서에 넣고 곱게 갈아준다. 볼에 닭가슴살 너겟 재료를 넣고 버무린다.

①을 1큰술씩 떠서 너겟 모양으로 납작하게 만든다.

Tip
닭가슴살 너겟 냉동 & 해동하기
닭가슴살 너겟은 과정 ②까지 진행한 후 지퍼백에 겹치지 않게 펼쳐 담아 냉동(1주일). 자연해동한 후 과정 ③부터 진행한다.

달군 팬에 식용유를 두르고 ②를 올려 중간 불에서 1분 30초~2분, 뒤집어서 2분간 노릇하게 굽는다. 그릇에 모든 재료를 담는다.

chapter 1

아삭아삭, 충분한 한 끼가 되는
샐러드
15분 저녁식사

시리얼 달걀 샐러드

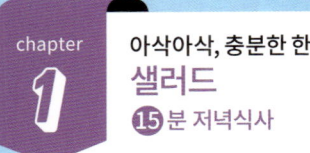

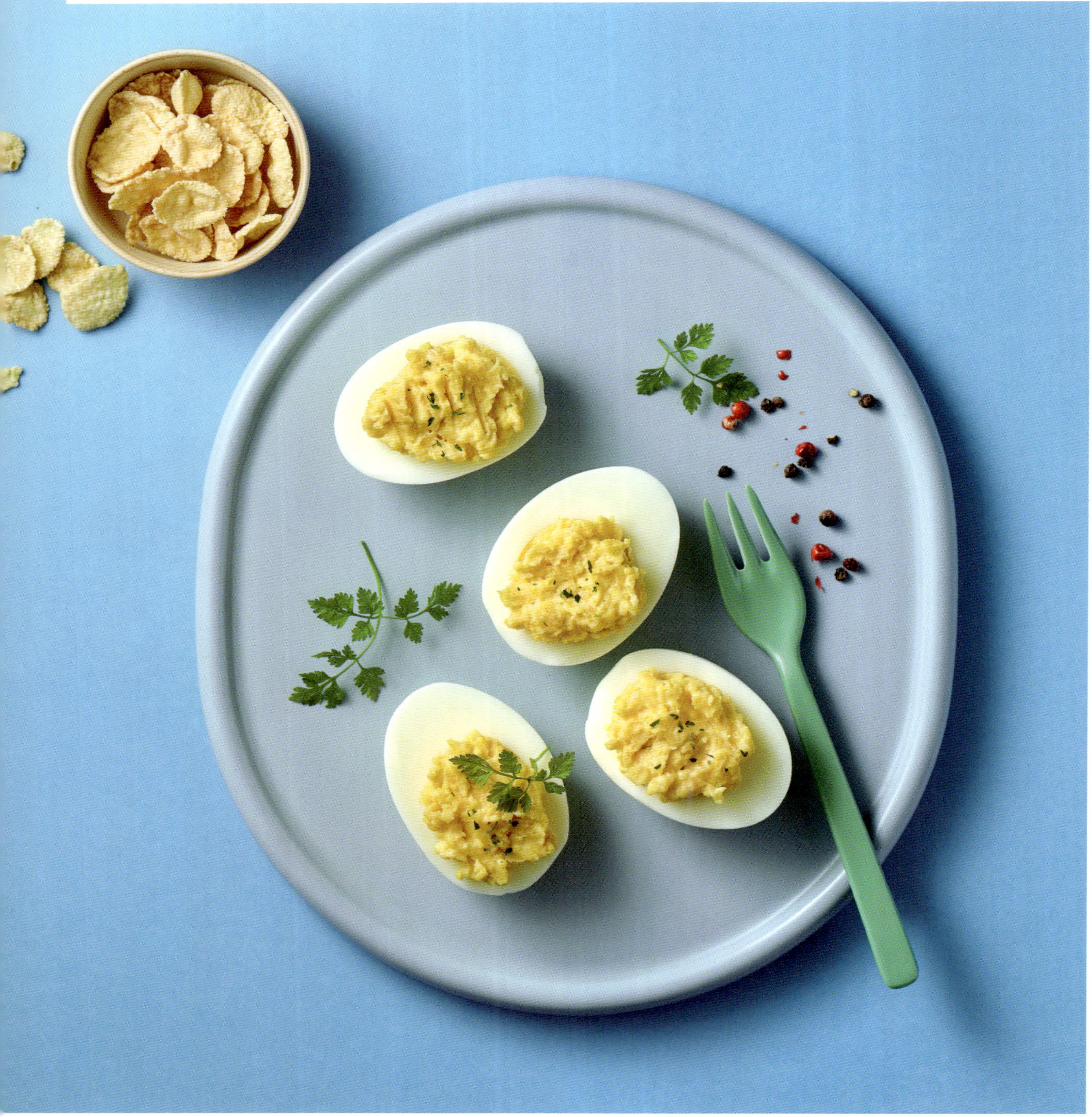

* 다이어트할 때면 바사바삭 씹는 게 그리운 순간이 많지요.
단백질 가득한 달걀에 바삭한 시리얼을 담았어요.

재료 / 1인분

- 삶은 달걀 2개(13쪽)
- 시리얼 1큰술
  (당 함량이 적은 것)
- 하프 마요네즈 1큰술
  (또는 그릭 요거트)

지퍼팩에 시리얼을 담고
밀대로 밀어 잘게 부순다.

삶은 달걀은 2등분한 후
노른자와 흰자를 분리한다.
볼에 노른자, 하프 마요네즈,
시리얼을 넣고 섞는다.
*달걀 삶기 13쪽

흰자에 ②를 채운다.
*흰자가 잘 세워지지 않는다면
②를 채우기 전에 바닥 쪽을
약간 썰어 평평하게 만들어도 좋아요.

chapter 1 아삭아삭, 충분한 한 끼가 되는
샐러드
⏱ 15분 저녁식사

두부스테이크 샐러드

* 식물성 단백질이 풍부한 두부를 활용해 스테이크를 만들면 더 담백하고 가볍게 즐길 수 있어요.

재료 / 1개 분량

- 두부(부침용) 80g
- 다진 채소 40g(당근, 양파 등)
- 오트밀가루 2큰술
- 소금 1/4작은술
- 후춧가루 약간
- 식용유 1작은술
- 어린잎채소 약간
  (또는 다른 샐러드채소)

두부는 키친타월로 감싸 물기를 없앤다.
칼등 옆면으로 으깬다.

볼에 식용유, 어린잎채소를 제외한 재료를 넣고 섞은 후 1cm 두께의 동그란 모양으로 만든다.

달군 팬에 식용유를 두르고 ②를 넣어 중간 불에서 2분, 뒤집어서 1분간 노릇하게 굽는다. 그릇에 담고 어린잎채소를 곁들인다.

Tip

두부 동그랑땡 만들기
과정 ②에서 한입 크기의 모양으로 만들어도 좋다.

두부스테이크 냉동 & 해동하기
과정 ②까지 진행한 두부스테이크를 랩으로 감싸 냉동(1주일). 자연해동한 후 과정 ③부터 진행한다.

chapter 1
아삭아삭, 충분한 한 끼가 되는 샐러드
⏱ 15분 저녁식사

연두부 샐러드

* 이보다 쉬운 순 없다~
초간단, 초담백, 초든든한 연두부 샐러드

재료 / 1인분

- 연두부 1팩(140g)
- 배추김치 1줄기(40g)
- 쪽파 1/2줄기
- 참기름 1/2~1작은술

1 김치는 흐르는 물에 양념을 씻어낸 후 물기를 꼭 짜고 작게 썬다. 쪽파는 송송 썬다.

2 볼에 ①, 참기름을 넣고 섞는다.

3 그릇에 연두부를 담고 ②를 올린다.

Tip
쪽파를 다른 재료로 대체하기
미나리, 쌉싸래한 맛이 나는 샐러드채소로 대체해도 좋다.

chapter 1

아삭아삭, 충분한 한 끼가 되는
샐러드
⏱ 15분 저녁식사

구운 쇠고기 샐러드

방울토마토를 곁들여도 좋아요.

* 중요한 날을 앞두고 몸관리가 필요한 시점, 딱 3일만 무염무탄 식단을 하곤 해요.
그럴 때 가장 최적인, 영양과 포만감을 제대로 갖춘 샐러드랍니다!

재료 / 1인분

- 쇠고기 갈빗살 100g
- 양파 1/4개(35g)
- 양송이버섯 2개
  (또는 다른 버섯, 40g)
- 통후추 간 것 약간
- 샐러드채소 약간

양파, 양송이버섯은
0.5cm 두께로 채 썬다.
쇠고기 갈빗살은 한입 크기로 썬다.

달군 팬에 기름을 두르지 않고
쇠고기 갈빗살, 양파를 넣어
고기의 핏기가 없어질 때까지
중간 불에서 4~5분간 굽는다.

양송이버섯, 통후추 간 것을
넣고 1분간 볶는다.
그릇에 모든 재료를 담는다.

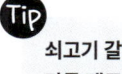

**쇠고기 갈빗살을
다른 재료로 대체하기**
동량(100g)의 우둔살, 홍두깨살
등으로 대체해도 좋다.

아삭아삭, 충분한 한 끼가 되는
샐러드
15분 저녁식사

새송이버섯 쇠고기 샐러드

* 식물성 단백질이 풍부한 버섯, 그리고 쇠고기로
든든한 한끼, 영양 균형까지 꽉 잡은 샐러드예요.

재료 / 1인분

- 쇠고기 홍두깨살 80g
  (또는 우둔살)
- 새송이버섯 1개
  (또는 다른 버섯, 30g)
- 식용유 1작은술
- 샐러드채소 1줌(50g)

밑간
- 맛술 1작은술
- 양조간장 1작은술
- 후춧가루 약간

드레싱
- 레몬즙 2큰술
- 올리고당 1큰술
- 올리브유 1큰술

1 쇠고기는 큼직하게 8~10등분한 후 밑간 재료와 버무린다.
다른 볼에 드레싱 재료를 섞는다.

2 새송이버섯은 0.5cm 두께로 길게 썬다. 달군 팬에 식용유, 새송이버섯을 넣고 중약 불에서 2~3분간 뒤집어가며 노릇하게 구운 후 덜어둔다.

3 팬을 키친타월로 닦는다. 다시 달군 후 ①의 쇠고기를 넣고 센 불에서 밑간이 쇠고기에 스며들 때까지 4분간 굽는다. 그릇에 모든 재료를 담는다.

chapter 1
아삭아삭, 충분한 한 끼가 되는
샐러드
⑮ 분 저녁식사

레몬크림 새우

*다이어트 할 때면 유난히 생각나는 것, 바로 중식요리이지요.
튀기지 않고 구워서 담백하고 더 건강한 레몬크림 새우로 마음 편히 즐기세요.

재료 / 1인분

- 냉동 생새우살(큰 것) 7마리
- 한입 크기로 썬 시금치 1줌 (또는 다른 샐러드채소, 50g)
- 얇게 썬 사과 1/4개분
- 오트밀가루 1/4컵(30g)
- 달걀 1개
- 소금 약간
- 후춧가루 약간
- 식용유 약간

레몬크림 소스

- 떠먹는 요거트 1통(80g)
- 레몬즙 1큰술
- 올리고당 1작은술

냉동 생새우살은 물에 담가
해동한 후 체에 밭쳐 물기를 없앤다.
소금, 후춧가루를 뿌려 밑간한다.
다른 볼에 레몬크림 소스 재료를
넣고 섞는다.

두 개의 볼에 각각 달걀, 오트밀가루를
담는다. 달걀은 잘 풀어준다.
새우에 오트밀가루 → 달걀물
→ 오트밀가루 순으로 입힌다.

Tip

오트밀가루 만들기
오트밀가루가 없다면
오트밀을 믹서에 곱게 갈아서
사용해도 좋다. 이때, 믹서에
간 후 체에 한번 내리면
더 고운 입자가 된다.

달군 팬에 식용유를 두르고
②를 넣어 중간 불에서 2~3분간
뒤집어가며 노릇하게 굽는다.
그릇에 모든 재료를 담고
레몬크림 소스를 곁들인다.
• 오트밀가루가 쉽게 떨어질 수
있으므로 자주 뒤집지 않도록 해요.

chapter 1 아삭아삭, 충분한 한 끼가 되는
샐러드
15분 저녁식사

하와이안 새우 샐러드

* 탱글탱글 새우와 달콤한 파인애플의 만남.
상상하는 맛 이상인 하와이안 새우 샐러드. 아이들도 잘 먹어요!

재료 / 1인분

- 냉동 생새우살(큰 것) 10마리
- 케일 5장
- 통조림 파인애플 링 1개
- 올리브유 1작은술

양념

- 발사믹식초 1/2큰술
- 올리고당 1/2큰술
- 소금 약간
- 통후추 간 것 약간

1 냉동 생새우살은 물에 담가 해동한 후 체에 밭쳐 물기를 없앤다. 파인애플은 한입 크기로 썰고, 케일은 길게 반으로 접어 얇게 채 썬다. 작은 볼에 양념 재료를 섞는다.

2 달군 팬에 올리브유를 두르고 새우를 넣어 중간 불에서 2~3분간 붉은색이 될 때까지 뒤집어가며 굽는다.

3 파인애플, 양념을 넣고 센 불에서 30초 정도 볶는다. 그릇에 케일을 깔고 나머지 재료를 담는다.

Tip
케일을 다른 재료로 대체하기
향이 강하지 않은 로메인 상추, 샐러드채소 등으로 대체해도 좋다.

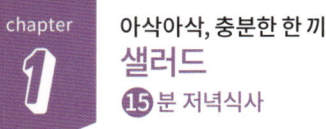

chapter 1 아삭아삭, 충분한 한 끼가 되는
샐러드
15분 저녁식사

꿀배즙 육회 샐러드

* 싱싱한 쇠고기와 달콤하고 시원한 배의 하모니,
육회는 알고보면 최상의 단백질 가득한 다이어트 요리랍니다.

재료 / 1인분

- 육회용 쇠고기 100g
  (우둔살 혹은 홍두깨살)
- 배 1/2개
- 대파 흰 부분 1/4대
- 달걀노른자 1개(생략 가능)
- 통깨 약간

양념

- 꿀 1큰술
- 국간장 1작은술
- 다진 마늘 1작은술
- 참기름 약간
- 소금 약간
- 배 1조각(75g)

Tip 냉동 육회용 쇠고기 사용하기
육회용 쇠고기는 우둔살,
홍두깨살 부위가 대다수.
냉장으로 구입한 경우
키친타월로 감싸 핏물을 없애고
빠른 시간 내에 먹는 것이 좋다.

배, 대파는 가늘고 길게 채 썬다.
달걀노른자는 따로 둔다.
*육회용 쇠고기는 키친타월로 감싸
핏물을 없애도 좋아요.

믹서에 양념 재료를 넣고
곱게 간다.

볼에 육회용 쇠고기, 대파, 양념을
넣고 젓가락으로 살살 버무린다.
그릇에 배를 깔고 쇠고기를
얹은 후 노른자, 통깨를 올린다.
*익히지 않는 육회를 따뜻한
손으로 오래 만지면 쉽게 상할 수 있어요.
젓가락으로 빠르게 버무리세요.

chapter 1

아삭아삭, 충분한 한 끼가 되는
샐러드
⏱ 15분 저녁식사

마늘 후레이크 골뱅이

샐러드에 채소가 부족하다면?
오이, 미니 파프리카와 같은 아삭한 채소를
길게 썰어 함께 곁들여도 좋아요.

*골뱅이 역시 단백질이 풍부한 재료라는 사실! 통조림 골뱅이는 특히 감칠맛을 갖고 있기에 요리에 사용할 때 다른 간을 더하지 않아도 맛있어요.

재료 / 1인분

- 통조림 골뱅이 1/2캔(200g)
- 마늘 4쪽(20g)
- 올리브유 1작은술
- 후춧가루 약간
- 통깨 약간

1 마늘을 얇게 편 썬다.

2 달군 팬에 올리브유를 두르고 마늘을 넣어 중약 불에서 노릇해질 때까지 3분, 골뱅이, 후춧가루를 넣고 2분간 볶는다.

3 그릇에 담고 통깨를 뿌린다.

Tip

통조림 골뱅이를 다른 재료로 대체하기
닭가슴살 소시지 1개, 시판 익혀 나온 닭가슴살 1쪽으로 대체해도 좋다.

chapter 1

아삭아삭, 충분한 한 끼가 되는 샐러드
⏱ 15분 저녁식사

골뱅이 부추 샐러드

* 빨간 양념에 버무린 골뱅이를 상상했다면 STOP,
고소한 들깻가루와도 너무나 잘 어울리는 골뱅이 샐러드를 소개해요.

재료 / 1인분

- 통조림 골뱅이 1/2캔(200g)
- 부추 1/2줌(25g)
- 양파 1/8개(20g)
- 통깨 약간

들깨 드레싱

- 들깻가루 1큰술
- 맛술 1작은술
- 국간장 1작은술
- 들기름(또는 참기름) 1/2작은술
- 소금 약간

볼에 들깨 드레싱 재료를 넣고 섞는다.

골뱅이는 2~3등분하고,
부추는 3cm 길이로,
양파는 가늘게 채 썬다.

큰볼에 모든 재료를 넣고
살살 버무린다.

채소 사용하기
부추, 양파 대신 파프리카,
오이, 양배추 등으로 대체해도
좋다. 단, 이때 총량이
50g 정도 되도록 한다.

chapter 2

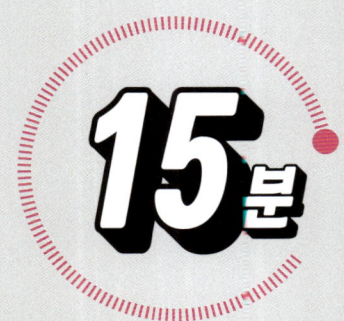

든든하게 챙기고 싶은 날
밥&면&빵 저녁식사

유독 지치는 날이면, 급격하게 스트레스를 받을 때면,
밥, 면, 빵과 같은 탄수화물이 듬뿍 든 요리가 생각나지요.
그럴 때마다 다이어트 중이라는 이유로 무조건 피하고 있었나요?
이제는 조금 더 건강하게, 가볍게
밥 & 면 & 빵을 즐기는 건 어떨까요?

핵심 포인트는 '정제된 흰 탄수화물을 피하자'입니다.
흰밥 대신 현미밥으로, 국수 역시 밀가루가 아닌
0칼로리에 가까운 실곤약이나 두부로 만든 두부면으로,
또 통밀빵을 선택하는 거죠.
밀가루가 주재료인 경우에는 오트밀로 대체하고요.
또한, 먹는 양을 자체를 줄이는 것도 방법이에요.
탄수화물을 줄인 만큼 단백질, 식이섬유 가득한 재료를 채우는 거지요.

chapter 2 | 든든하게 챙기고 싶은 날
밥 & 면 & 빵
15분 저녁식사

닭가슴살 토마토밥

* 한번도 먹어보지 못한 사람은 있어도 한번만 먹은 사람은 없다는
마성의 닭가슴살 토마토밥. 감칠맛 덕분에 다이어트가 행복해질 거예요!

재료 / 1인분

- 현미밥 1/3공기(50g)
- 닭가슴살 1쪽(100g)
- 토마토 1개(150g)
- 올리브유 1작은술
- 맛술 1작은술
- 소금 약간
- 후춧가루 약간

토마토는 꼭지 반대쪽에
열십(+) 자 모양으로 칼집을 낸다.
닭가슴살은 한입 크기로 썬 후
올리브유, 소금, 후춧가루와 버무린다.
*토마토에 칼집을 내면 익힌 후
껍질을 벗기기 쉬워요.

내열용기에 현미밥 → 닭가슴살
→ 맛술, 소금, 후춧가루 → 토마토
순으로 올린다. 이때, 토마토는
칼집낸 부분이 위를 향하도록 올린다.

Tip
**닭가슴살, 토마토를
다른 재료로 대체하기**
닭가슴살은 닭안심으로,
토마토는 방울토마토로
동량씩 대체해도 좋다.

랩을 씌워 포크로 구멍을 낸 다음
전자레인지에서 5~6분간
토마토가 으깨질 때까지 익힌다.
토마토의 껍질을 살살 벗긴 후
으깨가며 섞는다.
*랩 대신 뚜껑을 덮어도 좋아요.

chapter 2 든든하게 챙기고 싶은 날
밥 & 면 & 빵
15분 저녁식사

연어 녹차밥

*다이어트를 하다 보면 포기하고 싶은 날이 있어요. 그럴 때는 따뜻하고 담백한 연어 녹차밥 한 그릇으로 마음의 위로를 얻곤 하지요.

재료 / 1인분

- 스테이크용 연어 120g
- 현미밥 1/3공기(50g)
- 녹차티백 1개
  (또는 녹차가루 1작은술)
- 따뜻한 물 1과 1/2컵
  (300㎖, 기호에 따라 가감)
- 쪽파 1/2줄기
- 김가루 약간
- 식용유 1작은술
- 소금 약간
- 후춧가루 약간

쪽파는 송송 썬다.
연어는 껍질을 벗긴 후 앞뒤로
소금, 후춧가루를 뿌려 밑간을 한다.

달군 팬에 식용유를 두르고
연어를 올려 중간 불에서 4분,
뒤집어서 2분간 노릇하게 굽는다.
약한 불로 줄인 후 젓가락으로
연어를 잘게 찢어가며 1분간 익힌다.

 스테이크용 연어 껍질 벗기기
연어의 껍질을 손으로 잡고
당기면 쉽게 벗겨진다. 단,
껍질이 너무 얇아서 잘 벗겨지지
않는다면 굽는 과정에서
자연스럽게 벗겨지므로 바로
과정 ②를 진행해도 좋다.

따뜻한 물에 녹차티백을 우려준다.
그릇에 현미밥 → 연어 →
쪽파, 김가루를 올린다.
우려낸 녹차물을
조금씩 부어가며 섞어 먹는다.

chapter 2 든든하게 챙기고 싶은 날
밥 & 면 & 빵
15분 저녁식사

닭가슴살 차슈덮밥

＊ 간장 향이 진한 중국식 돼지고기 요리 차슈! 돼지고기 대신 닭가슴살로 더 가볍게, 홈메이드 파기름으로 더 깔끔하게 만들었어요.

재료 / 1인분

- 현미밥 1/3공기(50g)
- 닭가슴살 1쪽(100g)
- 대파 1/2대
- 식용유 1/2작은술 + 1/2작은술

양념

- 맛술 1큰술
- 양조간장 1작은술
- 물 1/4컵(50㎖)
- 통후추 간 것 약간

닭가슴살은 한입 크기로 썰고, 대파는 송송 썬다.
볼에 양념 재료를 넣고 섞는다.

달군 팬에 식용유 1/2작은술, 닭가슴살을 넣어 중간 불에서 4~5분간 뒤집어가며 노릇하게 구운 후 덜어둔다.
팬을 키친타월로 닦는다.

달군 팬에 식용유 1/2작은술, 대파를 넣고 센 불에서 1분간 파기름 냄새가 날 때까지 볶는다.
②의 구운 닭가슴살, 양념을 넣고 약한 불로 줄여 양념이 자작해질 때까지 2분간 볶는다.
그릇에 모든 재료를 담는다.

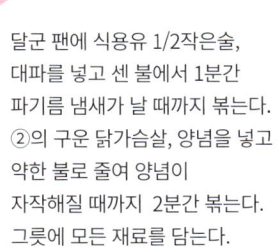 **닭가슴살을 다른 재료로 대체하기**
동량(100g)의 닭안심, 쇠고기, 연어(스테이크용) 등으로 대체해도 좋다.

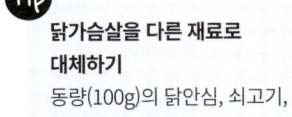

chapter 2

든든하게 챙기고 싶은 날
밥 & 면 & 빵
15분 저녁식사

자투리채소 달걀밥전

샐러드채소를 곁들여도 좋아요.

다이어트용 냉장고 비우기 메뉴! 자투리채소를 더할 수 있어서 좋고, 맛 또한 훌륭하지요.

재료 / 1개 분량

- 현미밥 1/2공기(약 80g)
- 달걀 1개
- 물 2큰술
- 파마산 치즈가루 1큰술
- 굵게 다진 채소 30g (버섯, 당근, 양파, 대파 등)
- 식용유 1작은술

볼에 달걀, 물을 넣고 풀어준 후 파마산 치즈가루를 섞는다.

현미밥, 다진 채소를 넣고 섞는다.

달군 팬에 식용유를 두르고 ②를 넣어 동그란 모양으로 만든다. 중간 불에서 노릇하게 3분, 뒤집어서 1분간 굽는다.

 미니 밥전 만들기
과정 ②까지 진행한 후 한입 크기의 모양으로 만들어서 구워도 좋다.

chapter 2 든든하게 챙기고 싶은 날
밥 & 면 & 빵
15분 저녁식사

실곤약 잡채

* 손 많이 가는 잡채를 전자레인지로 간단하게!
* 당면 대신 실곤약으로 만들어 칼로리는 더 가볍게!

재료 / 1인분

- 실곤약 1컵(120g)
- 양파 1/4개(35g)
- 시금치 1/2줌(25g)
- 느타리버섯 1/2줌
  (또는 다른 버섯, 25g)
- 게맛살 2개(36g)

양념

- 양조간장 2작은술
- 올리고당 2작은술
- 다진 마늘 1작은술
- 참기름 1작은술
- 소금 약간
- 후춧가루 약간

Tip

**실곤약 소개 &
다른 재료로 대체하기**
구약감자로 만드는 곤약은
95% 이상이 수분으로 이루어져
있는 대표 저칼로리 식품.
대부분 묵 형태이지만
국수 형태로도 판매한다.
대형마트에서 구입 가능.
두부면(61쪽)으로 대체해도 좋다.

**시금치, 양파를
다른 재료로 대체하기**
청경채, 파프리카, 피망 등으로
대체해도 좋다. 이때, 총량이
약 50g 정도 되도록 한다.

실곤약은 체에 받쳐 찬물에
헹군 후 그대로 물기를 뺀다.
*곤약 특유의 냄새가 싫다면
뜨거운 물에 데쳐도 좋아요.
(58쪽 과정 ② 참고)

양파는 가늘게 채 썰고,
시금치는 3등분한다.
느타리버섯, 게맛살은
가늘게 손으로 찢는다.

내열용기에 모든 재료를 넣고
버무린 후 랩을 씌워 포크로 찔러준다.
전자레인지에서 채소의 숨이 죽고
실곤약이 익을 때까지 3~4분간 익힌다.
*랩 대신 뚜껑을 덮어도 좋아요.

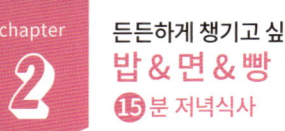

chapter 2 든든하게 챙기고 싶은 날
밥 & 면 & 빵
15 분 저녁식사

골뱅이 실곤약비빔면

* 시원하고 담백하게 즐길 수 있는 골뱅이 실곤약비빔면.
실곤약이 들어가 있어 면발 먹는 재미까지 쏠쏠해요.

재료 / 1인분

- 통조림 골뱅이 1/2캔(200g)
- 오이 1/4개(50g)
- 양파 1/4개(35g)
- 실곤약 1컵(120g, 57쪽)

양념

- 통조림 골뱅이 국물 1큰술
- 양조간장 2작은술
- 올리고당 1작은술

오이, 양파는 가늘게 채 썬다.
채 썬 양파는 찬물에 담가 매운맛을
없앤 후 체에 밭쳐 물기를 뺀다.

뜨거운 물에 실곤약을 넣고
30초간 데친 후 체에 밭쳐
찬물에 헹궈 물기를 뺀다.
*곤약을 뜨거운 물에 데치면
특유의 나쁜 냄새를 없앨 수 있어요.

볼에 양념 재료를 섞은 후
골뱅이, 오이, 양파,
실곤약을 넣고 버무린다.

 Tip
오이, 양파 대체하기
오이는 동량(50g)의 파프리카,
당근으로, 양파는 동량(35g)의
대파, 쪽파로 대체해도 좋다.

chapter 2

든든하게 챙기고 싶은 날
밥 & 면 & 빵
15분 저녁식사

골뱅이 두부면볶음

밀가루가 아닌 두부로 만들어
더 가볍고 건강하고 담백한 두부면!

* 달콤 짭조름한 데리야끼 소스를 다이어터를 위해 간단하게, 가볍게 만들었어요. 부담 없이 맛 볼 수 있지요.

재료 / 1인분

- 통조림 골뱅이 1/2캔(200g)
- 마늘 3쪽(15g)
- 피망 1/8개(또는 파프리카, 양파)
- 두부면 1/2팩(40~50g, 생략 가능)
- 식용유 1/2작은술
- 참기름 1/2작은술

데리야끼 소스

- 물 1큰술
- 맛술 1큰술
- 양조간장 2작은술
- 후춧가루 약간

Tip

풀무원 두부면
두부로 만든 면. 밀가루 면 대신 선택하면 더 담백하고, 건강하게 즐길 수 있다. 주로 풀무원 두부면을 사용한다.

데리야끼 소스
간장을 기본으로한 소스. 시판 데리야끼 소스는 염도가 높은 편이므로 직접 만드는 것이 좋다. 생선구이, 고기구이에 활용 가능.

골뱅이는 2~3등분하고, 마늘은 편 썰고, 피망은 채 썬다. 두부면은 체에 밭쳐 물기를 없앤다. 작은 볼에 데리야끼 소스 재료를 넣고 섞는다.

달군 팬에 식용유를 두르고 마늘을 넣어 중간 불에서 3~4분간 노릇하게 볶는다.

골뱅이, 피망, 데리야끼 소스를 넣어 물기가 거의 없을 때까지 중약 불에서 2분간 볶은 후 불을 끈다. 참기름을 넣고 섞는다. 두부면을 곁들이거나 마지막에 넣고 살짝 볶는다.

chapter 2

든든하게 챙기고 싶은 날
밥 & 면 & 빵
15분 저녁식사

두부패티 버거

✱ 다이어트를 한다는 이유로 음식을 과하게 제한하면 더 힘들어요.
그런 의미로 다이어터도 햄버거를 먹을 수 있다! 바로 수제 두부패티만 있다면 말이지요.

재료 / 2개분

- 통밀 모닝빵 2개
  (또는 통밀 식빵)
- 양상추 2장
  (손바닥 크기, 또는 다른 샐러드채소)
- 토마토 슬라이스 2장
- 홀그레인 머스터드 1큰술
- 식용유 1작은술

두부패티
- 닭가슴살 1/2쪽(50g)
- 두부 1/8모(40g)
- 달걀물 1큰술
- 오트밀가루 2큰술
- 소금 약간
- 후춧가루 약간

Tip

닭가슴살을 다른 재료로 대체하기
동량(50g)의 닭안심으로 대체해도 좋다.

두부패티 냉동 & 해동하기
과정 ②의 모양 만들기까지 진행한 후 1개씩 랩으로 감싸 냉동(1주일). 자연해동 한 후 과정 ②의 굽는 것부터 진행한다.

오트밀가루 만들기
37쪽을 참고한다.

닭가슴살은 믹서에 곱게 간다.
두부는 키친타월로 감싸
물기를 없앤 후 칼등 옆면으로 으깬다.
볼에 두부패티 재료를 넣고 섞는다.

①을 2등분한 후 1cm 두께의
동그란 모양으로 2개 만든다.
달군 팬에 식용유를 두르고
두부패티를 넣어 중약 불에서
닭가슴살이 완전히 익을 때까지
3~4분간 뒤집어가며 노릇하게 굽는다.
*팬의 크기에 따라 나눠 구워도
좋아요.

통밀 모닝빵을 반으로 가른다.
아랫면 빵 안 쪽에 홀그레인
머스터드를 바른 후 양상추 →
토마토 → 두부패티 순으로 얹고
빵 윗부분을 올려 완성한다.
같은 방법으로 하나 더 만든다.

chapter 2 든든하게 챙기고 싶은 날
밥 & 면 & 빵
15분 저녁식사

동남아풍 라이스페이퍼 피자

64

* 다이어트로 스트레스가 심한 날이 있다면! 추천하는 메뉴예요.
매운 스리라차 칠리 소스와 바삭한 식감의 피자를 와그작 와그작 먹다 보면 기분이 풀릴 거예요.

재료 / 1인분

- 라이스페이퍼 2장
- 달걀 1개
- 쪽파 1줄기
- 건새우 1큰술
- 슬라이스 치즈 1장
- 스리라차 칠리 소스 약간

달걀은 볼에 풀어주고,
쪽파는 송송 썬다.
크기가 큰 건새우는 2~3등분한다.

불을 켜지 않은 팬에 라이스페이퍼
1장을 올린다. 달걀물 1/2분량 →
스리라차 칠리 소스 약간을 펴 바른다.

쪽파 → 건새우 1/2분량씩을 올린다.
슬라이스 치즈 1/2장을 대강 뜯어
올린다. 약한 불에서 라이스페이퍼가
부풀어 오르고 아랫면이
노릇해질 때까지 1분간 구운 후
반으로 접고 덜어둔다.
같은 방법으로 1개 더 만든다.

Tip
**건새우, 쪽파를
다른 재료로 대체하기**
건새우는 동량(1큰술)의
잔멸치로,
쪽파는 다진 양파 1/2큰술로
대체해도 좋다.

chapter 2

든든하게 챙기고 싶은 날
밥 & 면 & 빵
15분 저녁식사

고구마 핫케이크

풍미를 더하고 싶다면
무가당 코코아가루를 뿌려도 좋아요.

* 밀가루 없이 달콤하고 부드러운 고구마로만 만든 핫케이크.
다이어트에 지친 마음을 달래줄, 달달한 메뉴예요.

재료 / 지름 5cm 3개 분량

- 고구마 1개(작은 것, 100g)
- 달걀 1개
- 우유 2큰술
- 소금 1/4작은술
- 식용유 1/2작은술
- 베이킹 파우더 1/2작은술

고구마는 껍질을 벗겨
사방 1cm 크기로 썬다.
내열용기에 물 2큰술(분량 외)과 함께
담아 젓가락으로 찔렀을 때
쉽게 들어갈 때까지 4분간 익힌다.

볼에 고구마, 달걀, 우유,
소금을 넣고 포크로 으깨가며 섞는다.
*고구마가 뜨거울 때 더 잘 으깨져요.

Tip
고구마를 단호박으로 대체하기
고구마를 동량(100g)의
단호박으로 대체해도 좋다.
이때, 단호박의 단맛이 약하다면
과정 ②에서 올리고당을 약간
더해도 된다.
*단호박 손질하기 73쪽

팬에 식용유를 넣고 키친타월로
펴 바른다. ②를 국자로 떠 넣어
지름 5cm 크기의 납작한 모양으로
펼친다. 약한 불에서 작은 거품이
올라올 때까지 1분,
뒤집어서 30초간 굽는다.
*팬의 크기에 따라 나눠 구워도 좋아요.

chapter 2 든든하게 챙기고 싶은 날
밥 & 면 & 빵
15분 저녁식사

브레드 푸딩

*다이어터에게 빵은 적이다? NO! 건강하게 즐기면 되지요.
건강한 통밀 식빵, 단백질 가득 달걀을 더한 한 끼 식사빵을 소개합니다.*

재료 / 1인분

- 통밀 식빵 1장

달걀물

- 달걀 1개
- 저지방 우유 1/2컵(100㎖)
- 올리고당 1큰술
- 시나몬 가루 1/4작은술(생략 가능)
- 소금 약간

식빵은 한입 크기로 썬다.

내열용기에 달걀물 재료를 넣고 섞는다.

식빵을 넣고 한번 더 섞는다. 전자레인지에서 달걀물이 익을 때까지 1분씩 2~3회 정도 익힌다. 단, 시간은 기호에 따라 가감해도 좋다.

Tip

저지방 우유를 두유로 대체하기
저지방 우유는 동량(1/2컵)의 두유로 대체해도 좋다.
단, 두유는 우유에 비해 단맛이 있는 편이므로 재료의 올리고당을 가감 또는 생략한다.

chapter 2
든든하게 챙기고 싶은 날
밥 & 면 & 빵
15분 저녁식사

오트밀 크레페

* 촉촉하고 부드러운 맛에 브런치, 간식으로 좋은 크레페를
이젠 칼로리 걱정 없이 오트밀로 만들어 즐겨보세요.

재료 / 지름 15cm 2개 분량

- 오트밀 1/2컵
  (또는 오트밀가루, 60g)
- 달걀 1개
- 우유 1/4컵(50㎖)
- 물 1/4컵(50㎖)
- 소금 약간
- 각종 과일 약간
- 떠먹는 요거트 2큰술
- 식용유 약간

믹서에 오트밀을 넣고 곱게 갈아준다.
볼에 달걀, 우유, 물, 소금을 넣어
잘 풀어준 후 오트밀을 넣어
가루가 보이지 않을 때까지 섞는다.

달군 팬에 식용유를 넣고
키친타월로 펴 바른다.
①의 반죽을 넣어 0.3cm 두께로
얇고 동그랗게 펼친 후
중약 불에서 노릇하게 2분,
뒤집어서 1분간 구운 후 덜어둔다.
같은 방법으로 1개 더 굽는다.

그릇에 담고 떠먹는 요거트를
펼쳐 바른 후 취향에 따라
선택한 과일을 올린다.

오트밀을 오트밀가루로 대체하기
동량(60g)의 오트밀가루로
대체해도 좋다. 이때,
과정 ①의 믹서에 오트밀 가는
과정을 생략한다.

chapter 2 든든하게 챙기고 싶은 날
밥 & 면 & 빵
15분 저녁식사

단호박 오트밀수프

* 은은한 단맛을 가진 단호박은 붓기 제거에도 탁월하고
신진대사를 원활하게 도와줘 다이어터에게 훌륭한 재료랍니다.

재료 / 1인분

- 단호박 1/4개(100g)
- 오트밀 1/4컵(30g)
- 우유 1/2컵(100㎖)
- 소금 약간

단호박의 가운데 씨를 없앤 후
4~6등분해서 내열용기에 담는다.
전자레인지로 5분 정도 살짝
익힌 후 칼로 껍질을 벗겨낸 다음
한입 크기로 썬다.
*뜨거우니 조심하세요.

내열용기에 단호박, 절반 정도
잠길 만큼의 물(분량 외)을 담는다.
전자레인지에서 젓가락으로
찔렀을 때 쉽게 들어갈 때까지
5분 정도 완전히 익힌다.

②의 내열용기에 오트밀,
우유, 소금을 넣고 섞는다.
다시 전자레인지에 1분간 돌린 다음
한김 식힌다. 믹서에 넣어 곱게 간 후
내열용기에 담아 다시 전자레인지에서
2분 정도 따뜻하게 데운다.

Tip

단호박을 고구마로 대체하기
단호박을 동량(100g)의
고구마로 대체해도 좋다.

 **chapter 2** 든든하게 챙기고 싶은 날
밥 & 면 & 빵
15분 저녁식사

닭가슴살 오트밀죽

* 간단한 재료와 레시피로도 삼계탕 맛을 느낄 수 있는 메뉴.
집중적인 다이어트를 해야 한다고 마음먹을 때면 식단에 꼭 더하는 한 끼예요.

재료 / 1인분

- 닭가슴살 1쪽(100g)
- 오트밀 1/2컵(60g)
- 물 1컵(200㎖)
- 달걀 1개
- 소금 약간
- 후춧가루 약간

1 닭가슴살은 한입 크기로 썬다.

2 내열용기에 물, 달걀을 넣고 잘 풀어준다.

3 닭가슴살, 오트밀, 소금, 후춧가루를 넣고 섞는다. 전자레인지에서 되직한 상태가 될 때까지 5분~5분 30초 정도 익힌다.

Tip
닭가슴살을 닭안심으로 대체하기
닭가슴살은 동량(100g)의 닭안심으로 대체해도 좋다.

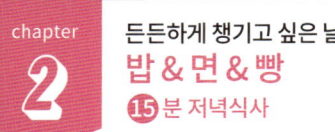

게맛살 고구마 수프

* 게맛살과 고구마의 조화? 쉽게 상상이 되지 않을 거예요.
은은하게 달달하면서 은은하게 짭짤한 마성의 단짠 수프랍니다.

재료 / 1인분

- 익힌 고구마 1개(작은 것, 100g)
- 게맛살 2개(36g)
- 우유 1/2컵(100㎖)

게맛살은 손으로 큼직하게 찢는다.

믹서에 익힌 고구마, 우유를 넣고 곱게 갈아준다.
*고구마 익히기 67쪽

머그컵에 모든 재료를 넣고 랩을 씌워 포크로 구멍을 낸다. 전자레인지에서 따뜻해질 때까지 3~4분간 익힌다.
*랩 대신 뚜껑을 덮어도 좋아요.

 Tip 우유를 다른 재료로 대체하기
동량(1/2컵)의 무가당 두유나 오트밀우유 등으로 대체해도 좋다.

chapter 3

조금은 멋스럽게 즐기는
스페셜 저녁식사

다이어트를 하다 보면 요리가 다소 심심하다고
느껴질 때가 많아요. 맛도, 모양도요.
그럴 때면 조금은 특별한 한 끼가 먹고 싶지만
칼로리가 걱정돼서 늘 망설이곤 하지요.

걱정 마세요! 외식 메뉴의 선두주자인 치킨이나
폼 나는 브런치로 좋은 프리타타, 라자냐,
일품요리 참치 타다키와 같은 레시피를
더 가볍게, 더 간단하게, 더 건강하게
즐길 수 있는 법을 소개할게요.

어떻게 가능하냐고요? #다정팁만 있으면 해결!
튀기는 대신 노릇하게 굽고, 가공재료 대신
생채소, 고기, 과일을 듬뿍 더하고,
재료가 가진 고유의 감칠맛을 끌어내면 되거든요.
나를 위한 특별한 요리나 손님 초대상에 올려도 좋지만
양념이나 맛이 강하지 않아서
아이들, 어르신들 식사로도 제격이지요.

chapter 3

조금은 멋스럽게 즐기는
스페셜 저녁식사

꿀치킨

콘샐러드(81쪽)를 곁들이면
더욱 개운하게 즐길 수 있어요.

*다이어터를 위한 양념치킨?! 가능합니다! 제가 만들고도 놀랄 정도였지요.
오트밀로 튀김옷을 입혀 더 고소하고 튀기지 않아 더 담백해요.*

재료 / 1인분

- 닭안심 5쪽(150g)
- 다진 견과류 약간(생략 가능)
- 식용유 1작은술

치킨옷

- 오트밀가루 2큰술
- 맛술 1큰술
- 소금 1/4작은술
- 후춧가루 약간

양념

- 올리고당 2큰술
- 비정제설탕 2작은술
- 양조간장 1/2작은술

닭안심은 한입 크기로 썬 후
치킨옷 재료와 버무린다.
다른 작은 볼에 양념 재료를 섞는다.

달군 팬에 식용유를 두르고
①을 넣어 뒤집어가며
중간 불에서 4~5분간
노릇하게 굽는다.

Tip

콘샐러드 만들기
콘샐러드를 곁들이면 더욱
맛있다. 통조림 옥수수 4큰술 +
다진 파프리카 2큰술 +
하프마요네즈 1과 1/2큰술 +
레몬즙 1작은술을 섞으면 완성.

오트밀가루 만들기
37쪽을 참고한다.

양념을 넣고 거의 없어질 때까지
중간 불에서 3분간 볶는다.
그릇에 담고 다진 견과류를 뿌린다.

 chapter 3 | 조금은 멋스럽게 즐기는
스페셜 저녁식사

오코노미야키

* 오코노미야키는 의외로 다이어터에게 참 좋은 요리예요. 채소도 듬뿍, 두부, 닭가슴살도 가득 더했기에 건강, 맛 모두 챙길 수 있지요.

재료 / 1개 분량

- 닭가슴살 1쪽(100g)
- 양배추 3장(손바닥 크기, 50g)
- 두부 1모(부침용, 150g)
- 달걀 2개
- 소금 약간
- 식용유 1/2큰술
- 가쓰오부시 1/4컵(생략 가능)

소스

- 하프 마요네즈 1큰술
- 양조간장 1/2작은술
- 올리고당 1/2작은술

양배추는 최대한 가늘게 채 썰고, 두부는 칼등 옆면으로 으깬 후 키친타월로 감싸 물기를 없앤다. 닭가슴살은 0.5cm 두께로 가늘게 썬다.

볼에 닭가슴살, 양배추, 두부, 달걀, 소금을 섞어 반죽을 만든다. 다른 작은 볼에 소스 재료를 섞는다.

 Tip

닭가슴살을 닭안심으로 대체하기
동량(100g)의 닭안심으로 대체해도 좋다.

가쓰오부시
생선의 한 종류인 가다랑어포를 찌고 건조, 발효 과정을 거쳐 만든 제품. 단백질 함량이 높고 적은 양으로도 요리에 감칠맛을 더해준다. 대형마트에서 구입 가능.

달군 팬에 식용유를 두르고 ②의 반죽을 1.5cm 두께로 펼쳐 올린다. 약한 불에서 3분, 뒤집어서 3분 30초간 굽는다. 불을 끄고 뜨거울 때 가쓰오부시를 올린다.

*팬의 크기에 따라 나눠 구워도 좋아요.

chapter 3 조금은 멋스럽게 즐기는 스페셜 저녁식사

채소 듬뿍 두부찜

* 모든 재료를 한꺼번에 넣어 전자레인지에 돌리기만 하면 되는 간편 찜.
고슬고슬한 식감 덕분에 숟가락이나 포크로 떠먹기 좋아요.

재료 / 1개 분량

- 두부 1모(부침용, 150g)
- 모둠 채소 30g
  (파프리카, 양파, 당근 등)
- 닭가슴살 소시지 1개(120g)
- 우유(또는 두유) 2큰술
- 소금 약간
- 후춧가루 약간

두부는 칼등 옆면으로 으깬 후 키친타월로 감싸 물기를 짠다.

모둠 채소, 닭가슴살 소시지는 굵게 다진다.

Tip

닭가슴살 소시지를 다른 재료로 대체하기

동량(120g)의 시판 익혀 나온 닭가슴살로 대체해도 좋다. 단, 별도의 맛이나 양념이 첨가된 제품은 피한다.

내열용기에 모든 재료를 넣고 섞어 뚜껑을 덮고 전자레인지에서 7~8분간 고슬고슬하게 익힌다.
* 뚜껑이 없다면 랩을 씌운 후 포크로 구멍을 뚫어줘도 돼요.

chapter 3 조금은 멋스럽게 즐기는
스페셜 저녁식사

참치 타다키

구운 참치 타다끼를 깻잎이나 마른 김에 싸 먹어보세요.
고급스러운 맛이 느껴진답니다.
취향에 따라 와사비를 더해도 맛있어요.

* 이자카야에서 먹던 참치 타다키를 이렇게 쉽게 내 주방에서 만들 줄이야!
참치 타다키를 만들 때면 늘 이렇게 생각하곤 하지요. 강력 추천합니다!

재료 / 1인분

- 냉동 참치 (눈다랑어) 100g
- 통깨 1/2컵(기호에 따라 가감)
- 검은깨 약간
- 올리브유 약간
- 통후추 간 것 약간
- 발사믹식초 약간

1

냉동참치는 미지근한 물에 담가 10분간 살짝 말랑한 상태가 될 때까지 해동한 다음 키친타월로 감싸 물기를 없앤다. 겉면에 올리브유, 통후추 간 것을 입힌다.

2

넓은 그릇에 통깨, 검을깨를 섞은 후 ①을 넣고 손으로 꼭꼭 눌러가며 전체적으로 입힌다.

3

달군 팬에 올리브유를 두르고 ②를 넣어 사방을 각 10초씩 겉만 살짝 익힌 상태가 되도록 굽는다. 한 김 식은 후 0.5cm 두께로 어슷 썬다.

•금방 속까지 익을 수 있으므로 겉만 10초씩 익혀주세요.

chapter 3 조금은 멋스럽게 즐기는
스페셜 저녁식사

깻잎 쇠고기 두부소보로

* 요리에 깻잎을 더하게 되면 특유의 향이 더해지면서 풍미가 깊어져요.
덕분에 다른 양념을 많이 하지 않아도 훌륭한 다이어트 요리로 탄생한답니다.

재료 / 1인분

- 쇠고기 우둔살 80g
  (또는 홍두께살, 다진 쇠고기)
- 두부 1/4모(80g)
- 달걀 1개
- 깻잎 2장
- 식용유 1/2작은술

양념

- 물 1작은술
- 양조간장 1작은술
- 올리고당 1/2작은술
- 참기름 1/2작은술
- 후춧가루 약간

두부는 칼등 옆면으로 으깬 후
키친타월로 감싸 물기를 없앤다.
쇠고기, 깻잎은 잘게 다진다.
작은 볼에 양념 재료를 넣고 섞는다.

달군 팬에 쇠고기를 넣고
중간 불에 3분간 핏기가
없어질 때까지 볶는다.
양념, 두부를 넣고 양념이 거의
없어질 때까지 약한 불에
2분간 볶은 후 덜어둔다.

팬을 닦고 식용유를 두른 후
달걀을 넣어 주걱으로 저어가며
센 불에서 3분간 스크램블을 만든다.
그릇에 모든 재료를 담고 섞는다.

chapter 3 | 조금은 멋스럽게 즐기는
스페셜 저녁식사

타르타르 소스 연어구이

* 떠먹는 요거트로 만들어 더 상큼하고 가벼운 타르타르 소스!
구운 연어에 듬뿍 올려 먹어도 살찔 걱정이 없어요.
연어는 너무 오래 익히면 식감이 퍽퍽해지니깐 레시피의 시간을 지키세요.

재료 / 1인분

- 스테이크용 연어 100g
- 양상추 3장 (손바닥 크기, 또는 다른 샐러드채소)
- 올리브유 약간
- 소금 약간
- 후춧가루 약간

타르타르 소스
- 떠먹는 요거트 3큰술
- 다진 양파 3큰술
- 올리고당 1/2큰술
- 레몬즙 1/2큰술
- 소금 약간

연어는 올리브유, 소금, 후춧가루로 밑간을 한다. 작은 볼에 타르타르 소스 재료를 넣고 섞는다.

달군 팬에 올리브유를 두르고 연어를 올려 중약 불에서 속까지 익을 때까지 4~5분간 뒤집어가며 노릇하게 익힌다.

Tip
타르타르 소스
마요네즈가 주재료인 소스. 책에서는 요거트, 레몬즙으로 다이어트 타르타르 소스를 만들었다. 주로 생선요리에 곁들이지만 채소를 찍어 먹거나 샌드위치용 스프레드로도 어울린다. 냉장 1주일 보관 가능.

그릇에 양상추, 연어를 올리고 타르타르 소스를 곁들인다.

chapter 3 | 조금은 멋스럽게 즐기는
스페셜 저녁식사

게맛살 그라탕

담백한 호밀빵이나 잡곡빵을
곁들이면 더 든든해요.

* 쭈~욱 늘어나는 치즈만큼은 정말 참기 어렵죠. 그럴 때 참 좋은 그라탕이에요.
시판 토마토소스가 아닌 생 토마토로 감칠맛, 영양을 살렸어요.
토마토는 몸속 나트륨 배출에 도움을 좋은 칼슘이 풍부한 고마운 재료랍니다.

재료 / 1인분

- 게맛살 3개(54g)
- 토마토 1개(150g)
- 양파 1/4개(35g)
- 슬라이스 치즈 1장
- 레몬즙 1큰술
- 맛술 1큰술
- 올리브유 1작은술

토마토는 사방 1cm 크기로 썰고,
양파는 굵게 다진다.
게맛살은 굵게 찢는다.

내열용기에 토마토, 양파, 맛술,
올리브유를 넣고 랩을 씌워
포크로 구멍을 낸다.
전자레인지에서 3~4분간
토마토가 으깨질 때까지 익힌 후
포크로 대강 으깬다.
*랩 대신 뚜껑을 덮어도 좋아요.

Tip
**토마토, 슬라이스 치즈를
다른 재료로 대체하기**
토마토는 동량(150g)의
방울토마토로,
슬라이스 치즈는 모짜렐라 치즈
1큰술로 대체해도 좋다.

레몬즙을 넣고 섞은 후
게맛살, 슬라이스 치즈를 뜯어
올린다. 다시 전자레인지에서
치즈가 녹을 때까지
1~2분간 익힌다.

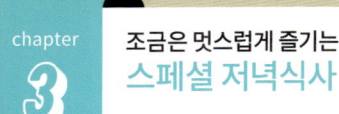

chapter 3 조금은 멋스럽게 즐기는
스페셜 저녁식사

양송이버섯 카나페

* 분위기 내고 싶은 날을 위한 간단하고 멋스러운 핑거푸드 메뉴입니다.
양송이버섯 속에는 닭가슴살, 채소, 치즈까지- 영양이 가득 담겼지요.

재료 / 1인분

- 양송이버섯 6개
- 닭가슴살 1/2쪽(50g)
- 애호박 10g
- 파프리카 10g
- 슬라이스 치즈 1장
- 식용유 1작은술

1 양송이버섯은 밑동을 떼어낸 후
속을 살살 눌러 공간을 만든다.
닭가슴살, 애호박, 파프리카는
잘게 다진다.
*속을 채우기 쉽도록 크기가 큰
양송이버섯을 준비하는 것이 좋아요.

2 달군 팬에 식용유, 닭가슴살을
넣고 중간 불에서 2분,
애호박, 파프리카를 넣고
2분간 볶는다.
양송이버섯에 볶은 재료를 채운다.

3 팬을 닦지 않고 그대로 ②의
양송이버섯을 올려 뚜껑을 덮고
약한 불에 3분 정도 버섯에서
물이 나올 때까지 익힌다.
슬라이스 치즈를 뜯어서 올린 후
다시 뚜껑을 덮어 치즈가
녹을 때까지 2분 정도 익힌다.

Tip
**애호박, 파프리카를
다른 재료로 대체하기**
애호박, 파프리카는
동량(20g)의 양파, 피망 등
다른 채소로 대체해도 좋다.

chapter 3 조금은 멋스럽게 즐기는
스페셜 저녁식사

에그롤

* 다이어트 시작과 함께 매일 만나게 되는 달걀이 질렸다면!
김밥처럼 돌돌 말아 만든 색다른 달걀 요리 어떠세요?

재료 / 1인분

- 달걀 3개
- 양송이버섯 2개
  (또는 다른 버섯)
- 씻은 배추김치 1/4컵(120g)
- 또띠야 1장
- 식용유 1작은술
- 소금 약간
- 후춧가루 약간

양송이버섯은 얇게 모양대로 썰고,
씻은 배추김치는 굵게 다진다.
볼에 달걀을 풀어준 후
소금, 후춧가루를 섞는다.

달군 팬에 식용유를 두르고 달걀물을
펼쳐 붓는다. 중간 불에서 달걀물의
가장자리가 익을 때까지 2분 30초간
익힌 후 양송이버섯, 김치를 펼쳐 올린다.
또띠야로 덮고 뒤집은 다음
약한 불로 줄여 30초간 익힌다.
*또띠야로 덮고 뜨거워지기 전에 손으로
눌러서 뒤집으면 모양을 더 유지하기 쉬워요.

또띠야가 바닥에 닿도록
팬에서 꺼낸다. 뜨거울 때
사진과 같이 돌돌 말아
한김 식힌 다음 원하는 크기로 썬다.

 에그롤 말 때 주의하기

과정 ②에서 또띠야를 너무
오래 익히면 과정 ③에서
돌돌 말 때 부서질 수 있다.
따라서 조리 시간을
지키는 것이 중요하다.

 chapter 3 조금은 멋스럽게 즐기는
스페셜 저녁식사

메네멘

* 달걀과 토마토, 갖가지 채소가 들어간, 맛과 영양 밸런스가 좋은 메네멘.
토마토를 충분히 익혀야 감칠맛이 우러나와서 더욱 맛있어요.
달걀은 오래 익히면 부드러움운 식감이 사라지므로 레시피의 시간을 지키세요.

재료 / 1인분

- 달걀 2개
- 굵게 다진 토마토 1/2개 분량(75g)
- 굵게 다진 양파 1/2개 분량(약 80g)
- 굵게 다진 파프리카 1/2개 분량(100g)
- 올리브유 약간
- 소금 약간
- 후춧가루 약간

달군 팬에 올리브유를 두르고
양파를 넣어 중간 불에서
투명해질 때까지 2분,
파프리카를 넣고 말랑해질 때까지
2분, 토마토, 소금, 후춧가루를 넣어
말랑해질 때까지 2분간 볶는다.

주걱으로 토마토를 으깨가며
3분간 볶는다.

달걀을 넣고 스크램블과 같은
상태가 되도록 주걱으로 저어가며
2분간 부드럽게 익힌다.

Tip

메네멘
토마토, 달걀, 각종 채소를 더한
터키의 가정식. 그대로 먹어도
좋고, 빵을 곁들여도 맛있다.

chapter 3 조금은 멋스럽게 즐기는
스페셜 저녁식사

토마토수프

* 전날 짜게 먹어 죄책감이 든다면? 칼륨 함량이 높아 나트륨 배출에 도움을 주는 토마토를 챙기세요. 해장으로도 좋은 토마토수프랍니다.

재료 / 1인분

- 토마토 2개(300g)
- 양파 1/3개(50g)
- 올리브유 1/2큰술
- 소금 1/4작은술
- 다진 마늘 1작은술
- 통후추 간 것 약간

1

토마토는 사방 1cm 크기로 큼직하게 썰고, 양파는 굵게 다진다.

2

내열용기에 모든 재료를 넣고 섞은 후 뚜껑을 덮는다.
전자레인지에서 토마토가 쉽게 으깨질 때까지 4~5분간 익힌다.
• 뚜껑이 없다면 랩을 씌운 후 포크로 구멍을 뚫어줘도 돼요.

3

포크로 재료를 살짝만 으깨가며 섞는다.
• 으깨는 정도는 취향에 따라 조절하세요.

Tip
토마토를 방울토마토로 대체하기
토마토는 동량(300g)의 방울토마토로 대체해도 좋다.

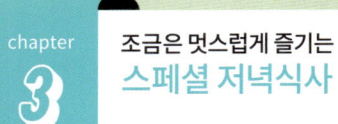

자투리채소 프리타타

* 프리타타(frittata)는 달걀에 채소, 고기 등을 넣어 만든 이탈리아식 오믈렛이에요. 갖은 채소와 닭가슴살을 먹는 다양한 방법 중 하나랍니다.

재료 / 지름 10cm 1개 분량

- 한입 크기로 썬 모둠 채소 100g (양파, 파프리카, 버섯 등)
- 시판 닭가슴살 1개(익힌 것, 100g)
- 식용유 1작은술
- 소금 약간

달걀물

- 달걀 2개
- 소금 1/4작은술
- 후춧가루 약간

시판 익혀 나온 닭가슴살은
굵게 찢는다.
볼에 달걀물 재료를 넣고 섞는다.

달군 팬에 식용유, 모둠 채소, 소금을
넣어 중간 불에서 1분,
닭가슴살을 넣고 1분간 볶는다.
팬에 재료를 최대한 펼친다.

달걀물을 펼쳐 붓고 뚜껑을 덮어
달걀물이 다 익을 때까지
약한 불에서 5~6분 정도 익힌다.
*팬의 크기에 따라 달걀물의 두께도
차이가 있으므로 아랫부분이
타지 않도록 중간중간 확인하세요.

 **시판 익혀 나온 닭가슴살을
다른 재료로 대체하기**
닭가슴살을 삶아서 활용해도
좋다(닭가슴살 삶기 13쪽).
또는 닭가슴살 소시지를
작게 썰어 대체해도 좋다.

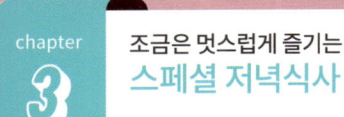

채소라자냐

조금은 멋스럽게 즐기는
스페셜 저녁식사

* 갖은 채소가 층층이 쌓여 한층씩 먹어도, 한번에 숟가락으로 떠먹어도,
어떻게 먹어도 맛있는 채소라자냐입니다.
홈메이드 토마토 소스가 주는 건강한 맛을 느껴보세요.

재료 / 1인분

- 가지 1/2개(60g)
- 주키니호박 1/3개(50g)
- 새송이버섯 1개
  (또는 다른 버섯, 30g)
- 슬라이스 치즈 1장

홈메이드 토마토 소스

- 토마토 1개(150g)
- 발사믹식초 1작은술
- 올리고당 1작은술

 Tip

채소 대체하기
가지, 주키니호박, 새송이버섯은 동량(140g)의 애호박, 다른 버섯 등으로 대체해도 좋다. 단, 당근과 같이 단단한 채소는 과정 ①에서 굽는 시간이 달라지므로 추천하지 않는다.

가지, 주키니호박, 새송이버섯은 모양을 살려 0.3cm 두께로 썬다. 달군 팬에 기름을 두르지 않고 재료가 겹치지 않도록 넣어 중간 불에서 2분간 뒤집어가며 부드럽게 굽는다.
*팬의 크기에 따라 나눠 구워도 좋아요.

믹서에 토마토 소스 재료를 넣고 곱게 갈아준다.

내열용기에 토마토 소스 → 가지 → 토마토 소스 → 주키니호박 → 토마토 소스 → 새송이버섯 → 토마토 소스 순으로 켜켜이 담는다. 마지막에 슬라이스 치즈를 올리고 전자레인지에서 치즈가 녹을 때까지 1분 30초 정도 익힌다.

조금은 멋스럽게 즐기는
스페셜 저녁식사

라이스페이퍼 군만두

토마토 1개 + 레몬즙 1작은술 +
물 1/4컵(50ml)을
믹서에 갈아 만든 토마토 스무디와
함께 먹으면 더욱 든든해요.

* 닭가슴살, 라이스페이퍼 두 가지 재료만으로 만든 맛있는 군만두입니다.
밀가루 만두피 대신 쌀이 주재료인 라이스페이퍼로 만들어서 더 쫄깃하고 가볍지요.

재료 / 8개 분량

- 시판 닭가슴살 1개(익힌 것, 100g)
- 라이스페이퍼 8장
- 스리라차 소스 약간(생략 가능)
- 식용유 1작은술

닭가슴살은 8등분한다.

Tip

시판 익혀 나온 닭가슴살을 다른 재료로 대체하기
닭가슴살을 삶아서 활용해도 좋다(닭가슴살 삶기 13쪽). 또는 닭가슴살 소시지를 작게 썰어 대체해도 좋다.

라이스페이퍼
쌀, 물로 만든 투명하고 얇은 시트. 베트남 요리 월남쌈에서 재료를 싸 먹는 용도로 흔히 알려져 있다. 마트에서 구입 가능.

뜨거운 물에 라이스페이퍼 1장을 넣고 6~10초 정도 담가 부드러워지면 도마에 펼친다. 라이스페이퍼 아래쪽에 닭가슴살을 올린 후 아래에서 위로, 양옆 순으로 접어 돌돌 말아준다.
같은 방법으로 7개 더 만든다.

달군 팬에 식용유를 두르고 ②를 넣어 돌돌 굴려가며 4분간 노릇하게 굽는다. 그릇에 담고 스리라차 소스를 곁들인다.

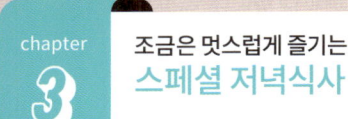

chapter 3 조금은 멋스럽게 즐기는
스페셜 저녁식사

두유 에그슬럿

* 에그슬럿은 LA의 한 레스토랑에서 만든 달걀을 푸딩처럼 익힌 요리예요.
좀 더 든든하게, 건강하게 즐기고자 고구마, 두유를 더해보았습니다.

재료 / 8개 분량

- 익힌 고구마 1개(작은 것, 100g)
- 달걀 1개
- 두유 1/4컵(50㎖)
- 소금 약간
- 통후추 간 것 약간

내열용기에 익힌 고구마를 넣고 포크로 곱게 으깬 다음 두유, 소금, 후춧가루를 넣고 대강 섞는다.
*고구마 익히기 67쪽

①에 달걀을 넣고 젓가락으로 노른자를 콕 찔러 터뜨린다.
*익는 도중 달걀노른자가 터질 수 있으므로 미리 찔러도 좋아요.

랩을 씌워 포크로 구멍을 뚫은 후 전자레인지에서 달걀이 살짝 익을 때까지 3~4분간 익힌다.
*익히는 시간은 취향에 따라 가감해도 좋아요. 랩 대신 뚜껑을 덮어도 돼요.

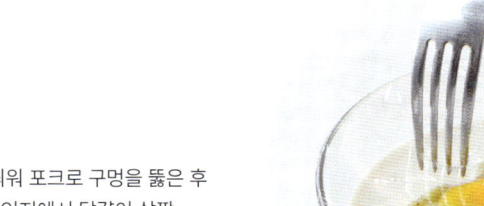

두유를 우유로 대체하기
두유는 우유 1/4컵 + 올리고당 1큰술로 대체해도 좋다.

chapter 4

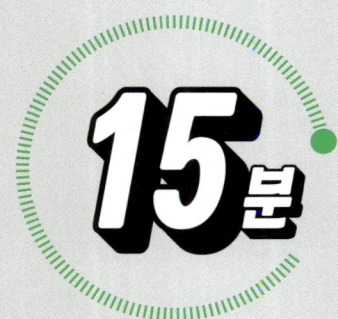

미리 만들어두고 즐기는
다이어트 간식

다이어트 도중, 순간의 허기를 참지 못해
찬장 속에 숨겨둔 과자며 편의점에서 쉽게 살 수 있는 아이스크림,
음료를 정신없이 먹어본 경험, 한 번쯤은 있을 겁니다.
대부분 점심과 저녁 사이, 저녁식사 후, 또는 여성분들의 경우는
호르몬을 이기지 못하는 생기 기간에 이런 경우가 많지요.

이런 상황을 피하기 위해
미리미리 만들어두면 좋은 '건강한 간식'을 담았습니다.

미리 만들어서 냉동실에 넣어두었다가 꺼내면 되는 셔벗이나
믹서에 갈기만 하면 되는 쉐이크부터
미리 구워두면 하나씩 집어먹기 좋은 칩이나 쿠키,
뜯어서 조립만 하면 되는 아이디어 간식까지.

간식을 꼭 나쁘다고만 생각하지 않는 것도 다이어트의 중요한 팁이에요.
간식으로 식사와 식사 사이 에너지 보충을 할 수 있고,
또 하루 중 부족한 영양도 채울 수 있지요.
게다가 완전 간식을 끊어버리면 어느 날 식욕이 폭발해서
나쁜 간식을 충동적으로 먹게 되는 것도 예방할 수 있거든요.
단, 어떤 간식을 챙기냐가 중요하지요.

미리 만들어두고 즐기는
다이어트 간식

토마토 셔벗

재료 / 1인분
보관 / 냉동 1개월

- 토마토 1개(150g)
- 레몬즙 1큰술

* 가벼운 맛과 가벼운 칼로리!
시원한 다이어트용 셔벗이에요.

Tip
토마토를 다른 과일로 대체하기
수박, 귤, 메론과 같이
수분 함량이 많은 과일로
대체해도 좋다.

 토마토는 한입 크기로 썬다.

 지퍼백에 펼쳐 담고 3시간 이상 얼린다.
* 펼쳐 담아야 더 빠르고 골고루 얼릴 수 있어요.

 믹서에 토마토를 넣고 곱게 간 후 레몬즙을 섞는다.
*산이 강한 레몬즙 때문에 믹서의 날이 상할 수 있으므로 따로 섞는 것이 좋아요.

미리 만들어두고 즐기는
다이어트 간식

두유푸딩

재료 / 2인분
보관 / 냉장 3일

- 두유 1개 (190㎖)
- 한천가루 1/2작은술
- 말린 과일 1큰술
  (건포도, 건 크랜베리, 건살구 등)

Tip
한천가루
금새 굳는 특징이 있어서 양갱이나 푸딩을 만들 때 주로 사용한다. 마트나 인터넷에서 구입 가능.

* 간단한 재료지만 맛과 모양만큼은 훌륭한 푸딩입니다.
순한 맛과 식감이라서 아이들 간식으로도 좋아요.

냄비에 두유, 한천가루를 넣고
중간 불에서 눌어붙지 않도록 저어가며
2~3분간 끓인다.

그릇에 ①, 말린 과일을
나눠 담은 후 한 김 식힌다.
냉장실에서 3시간 이상 굳힌다.

미리 만들어두고 즐기는
다이어트 간식

당근케이크 쉐이크

재료 / 1인분
보관 / 냉장 2일

- 당근 60g(약 1/4개)
- 코코넛밀크 1/2컵(100㎖)
- 떠먹는 요거트 1통(80g)
- 다진 견과류 10g
- 꿀 1작은술
- 시나몬가루 약간
- 식용유 1/2작은술

 코코넛밀크
코코넛 과육을 끓여 만든 액체로 특유의 달콤한 향이 난다. 주로 동남아 요리에 많이 활용. 쉐이크를 만들 때 생크림 대신 더하면 가벼운 칼로리와 맛을 즐길 수 있다.

* 누구나 좋아하는 당근케이크 맛이 나는 쉐이크.
영양, 맛, 식감까지 모두 챙기세요!

당근을 얇게 채 썬다.

달군 팬에 식용유, 당근을 넣고 중간 불에서 3분간 충분히 볶은 후 한 김 식힌다. *당근에 들어 있는 일부 지용성 비타민은 기름과 함께 섭취하면 흡수가 더 잘되므로 한번 볶는 것이 좋아요.

믹서에 모든 재료를 넣고 곱게 갈아준다.

미리 만들어두고 즐기는
다이어트 간식

레몬타르트 쉐이크

* 타르트는 다이어트의 적?! 레몬, 바나나, 캐슈너트로
레몬타르트 맛이 나는 쉐이크를 만들어보세요.

재료 / 1인분
보관 / 냉장 2일

- 캐슈너트 40g
- 바나나 1개
- 레몬 1/2개
 (또는 시판 레몬즙 2큰술 분량)
- 올리고당 1큰술
- 코코넛밀크 1/2컵(100㎖, 114쪽)
- 물 1/2컵(100㎖)

캐슈너트는 잠길 만큼의 찬물(분량 외)에
담가 2~3시간 정도 불린 후
체에 밭쳐 물기를 뺀다.
*캐슈너트를 물에 불리면 소화가 잘되고,
더 부드러운 식감으로 즐길 수 있어요.

레몬은 즙을 짠다.
*레몬즙을 짜는 도구인 스퀴저를
이용하거나 포크로 과육을 찌른 후
돌려가며 짜도 돼요.

믹서에 레몬즙을 제외한 모든 재료를 넣고
곱게 갈아준 후 레몬즙을 섞는다.
*산이 강한 레몬즙 때문에 믹서의 날이
상할 수 있으므로 따로 섞는 것이 좋아요.

미리 만들어두고 즐기는
다이어트 간식

꿀바나나 연두부

재료 / 1인분
보관 / 냉장 2일

- 연두부 1팩(140g)
- 바나나 1/3개
- 꿀 1큰술

* 더욱 부드럽게, 더욱 달콤하게 즐길 수 있는 메뉴예요.
몸에 좋은 두부, 바나나를 턱턱 얹기만 하면 완성.

Tip
바나나를 다른 재료로 대체하기
바나나와 비슷한 식감을 가진 부드러운 재료(홍시, 고구마 등)로 대체해도 좋다. 단, 신맛이 나는 과일은 두부와 어울리지 않으므로 추천하지 않는다.

1 연두부를 그릇에 담는다.

2 바나나는 모양을 살려 얇게 썬다.

3 연두부에 바나나, 꿀을 올린다.

미리 만들어두고 즐기는
다이어트 간식

고구마칩

*뭔가 씹고 싶다는 이유로 자꾸 과자를 먹게 되는 분이라면 주목!
건강한 고구마칩으로 마음은 편하게, 입은 즐겁게 해보아요.

재료 / 2인분
보관 / 실온 3일

- 고구마 1개(중간 크기, 150g)
- 올리브유 약간
- 파슬리가루 약간(생략 가능)

 Tip

고구마를 다른 재료로 대체하기
동량(150g)의 감자, 단호박으로 대체해도 좋다. 이때, 단호박은 과정 ①에서 물에 담가 전분을 없애는 과정을 생략한다.

고구마 더 건강하게 즐기기
고구마는 껍질에도 영양이 많은 편. 과정 ①에서 껍질을 안 벗겨도 좋다.

고구마는 껍질을 벗긴 후 동그란 모양을 살려 최대한 얇게 썬다. 찬물에 10분간 담가 전분을 없애고, 체에 밭쳐 물기를 없앤다. 키친타월로 감싸 한번 더 물기를 완전히 없앤다.
*고구마의 물기가 적을수록 과정 ③에서 익히는 시간을 줄일 수 있어요.
채소슬라이서를 이용하면 더 쉽게 썰 수 있어요.

볼에 고구마, 올리브유, 파슬리가루를 넣고 버무린 후 종이포일에 펼쳐 담는다.
*고구마가 겹치지 않도록 펼쳐 담는 것이 중요해요. 전자레인지의 크기에 따라 나눠 구워도 좋아요.

전자레인지에 종이포일 그대로 넣고 3~4분간 익힌다. 식혀 바삭하게 만든다.
*익힌 직후에는 바삭하진 않으니 꼭 식혀 주세요.

미리 만들어두고 즐기는
다이어트 간식

치즈과자

* 정말 이게 끝?!! 초간단, 초간편!
치즈 한 장으로 만드는 다이어터를 위한 과자!

재료 / 1인분
보관 / 냉장 2일

○ 슬라이스치즈 1장

Tip
슬라이스 치즈 선택하기
염분이 낮은 아기용 슬라이스 치즈는 식힌 후에도 식감이 쫄깃한 편이고, 염분 함량이 높거나 체다치즈일 경우 식으면 좀 더 바삭한 식감이 된다.

슬라이스치즈를
16조각으로 작게 썬다.

종이포일에 겹치지 않도록
펼쳐 담는다.

전자레인지에 종이포일 그대로 넣고
5초씩 익히며 상태에 따라 시간을 조절한다.
쫄깃한 식감이 좋으면 10초,
바삭한 식감이 좋으면 15초가 적당.
*치즈는 타기 쉬우므로 상태를 봐가며
5초씩 끊어서 익히도록 해요.

미리 만들어두고 즐기는
다이어트 간식

통밀 베이글칩

* 다이어터들도 끼니 사이에 유독 배가 고플때가 있잖아요.
그럴 때 먹으면 좋은 든든한 간식이에요.

재료 / 2인분
보관 / 냉동 1주일, 실온 1일

- 통밀 베이글 1개

소스

- 다진 마늘 1큰술
- 올리고당 1큰술
- 올리브유 1큰술
- 크러시드페퍼 1/4작은술(생략 가능)

Tip
팬 대신
오븐, 에어프라이어로 굽기
과정 까지 진행한다.
오븐 170℃로 예열한 오븐에서
10~12분간 노릇하게 굽는다.
에어프라이어 180℃에서
7~8분간 노릇하게 굽는다.

작은 볼에 소스 재료를 섞는다.
베이글은 통째로 냉동실에 잠깐 넣어둔다.
*베이글을 냉동실에 넣어두면
단단해져 과정 ②에서 썰기가 쉬워요.

베이글은 0.3~0.5cm 두께로
모양을 살려 썬 후
한쪽에 ①의 소스를 펴 바른다.

달군 팬에 기름을 두르지 않고
베이글을 올린다. 이때, 소스가 없는 쪽이
팬에 닿도록 올린 후 뚜껑을 덮어
약한 불에서 3분간 노릇하게 굽는다.

미리 만들어두고 즐기는
다이어트 간식

통밀 또띠야칩

재료 / 1인분
보관 / 냉동 3일

- 통밀 또띠야(또는 또띠야) 1장
- 올리고당 1큰술
- 소금 약간
- 파슬리가루 약간(생략 가능)

**팬 대신
오븐, 에어프라이어로 굽기**
과정 ②까지 진행한다.
오븐 170℃로 예열한 오븐에서
10분간 노릇하게 굽는다.
에어프라이어 180℃에서
7~8분간 노릇하게 굽는다.

* 늘 냉동실에 있는 통밀 또띠야 하나면 끝!
은근하게 퍼지는 고소함에 자꾸만 손이 갈 거예요.

볼에 올리고당, 소금,
파슬리가루를 넣고 섞는다.
또띠야의 한쪽 면에 펴 바른다.

원하는 모양으로 자른 후 종이포일에
겹치지 않도록 펼쳐 담는다.
*또띠야가 겹치지 않도록
펼쳐 담는 것이 중요해요.

전자레인지에 종이포일 그대로 넣고
1분씩 상태를 봐가며 총 3~4분 정도 익힌다.
*쉽게 탈 수 있으므로 상태를 보며
1분씩 나눠서 익히도록 해요.

미리 만들어두고 즐기는
다이어트 간식

닭가슴살 육포

재료 / 2인분
보관 / 냉장 3일

- 닭가슴살 1쪽(100g)

양념
- 맛술 2작은술
- 양조간장 1작은술
- 크러시드페퍼 1/4작은술
  (또는 고운 고춧가루, 생략 가능)
- 통후춧 간 것 약간

Tip

**팬 대신
오븐, 에어프라이어로 굽기**
과정 ②까지 진행한다.
오븐 170℃로 예열한 오븐에서
10~12분간 노릇하게 굽는다.
에어프라이어 180℃에서
8~9분간 노릇하게 굽는다.

1
닭가슴살은 0.5cm의 두께로 길게 썬다. 볼에 양념 재료, 닭가슴살을 넣고 버무린다.

2
평평한 내열용기에 종이포일을 깔고 닭가슴살이 겹치지 않도록 펼쳐 담는다. 다시 종이포일로 덮는다.

• 종이포일로 덮으면 양념이 마르지 않고 닭고기에 천천히 스며들게 할 수 있어요.

3
전자레인지에 넣고 3분간 익힌다. 문을 열었다 닫은 후 1분간 익힌다. 문을 열고 1분씩 익히는 과정을 2~3회 반복해 겉면이 말라 바삭해질 때까지 익힌다.

• 쉽게 탈 수 있으므로 상태를 보며 1분씩 나눠서 익히도록 해요. 딱딱한 육포가 싫다면 익히는 시간을 조절해도 좋아요.

라이스페이퍼 호떡

* 견과류와 삶은 달걀, 치즈가루로 속을 채워 고소함이 가득~
쫄깃쫄깃한 식감까지 느껴지는 호떡입니다.

재료 / 6개 분량
보관 / 냉동 1주일

- 라이스페이퍼 6장
- 올리브유 1작은술

속재료

- 삶은 달걀 2개(13쪽)
- 다진 견과류 3큰술
- 파마산 치즈가루 1/2큰술
- 올리고당 1큰술

Tip
냉동 & 해동하기
라이스페이퍼끼리 서로
붙을 수 있으므로 과정 ②까지
진행한 후 1개씩 랩으로 감싸
냉동(1주일).
해동 없이 과정 ③부터 진행한다.

1
삶은 달걀을 볼에 담아 으깬다.
나머지 속재료를 넣고 섞는다.
*달걀 삶기 13쪽

2
뜨거운 물에 라이스페이퍼 1장을 넣고
6~10초 정도 담가 부드러워지면 펼친다.
라이스페이퍼 아래쪽에
①의 재료 1/6분량을 넣고 아래에서 위로,
양옆 순으로 접어 돌돌 말아준다.
같은 방법으로 5개 더 만든다.

3
달군 팬에 올리브유를 두르고
②를 넣어 중약 불에서 굴려가며
3분간 노릇하게 굽는다.

미리 만들어두고 즐기는
다이어트 간식

두부 초콜릿 스프레드

재료 / 2인분
보관 / 냉장 3일

- 다크 초콜릿 70g
- 두부 1모(부침용, 100g)
- 올리고당 1/4작은술
- 올리브유 1작은술
- 소금 약간

* 달달한 무언가가 계속 먹고 싶은 무서운 마법의 날이 되면 꼭 챙기는 간식이에요. 크래커, 빵과 먹으면 찰떡궁합!

1
믹서에 두부, 올리브유를 넣고 크림처럼 부드럽게 간다.

2
위생팩에 다크 초콜릿을 넣고 꽉 묶는다. 그대로 잠길 만큼의 뜨거운 물(분량 외)에 담가 중탕으로 완전히 녹인다.
*초콜릿에 뜨거운 물이 들어가면 대로 굳어버리므로 위생팩을 단단하게 꽉 묶어주세요.

3
볼에 모든 재료를 넣고 섞는다. 크래커, 통밀빵에 곁들인다.

미리 만들어두고 즐기는
다이어트 간식

그릭 요거트바

재료 / 2인분
보관 / 냉동 1주일

- 그릭 요거트 2통
  (또는 떠먹는 요거트, 160g)
- 그래놀라 1/4컵
  (또는 뮤즐리, 건과일, 견과류, 20g)

* 요거트와 그래놀라의 만남이 만들어 낸 기대 이상의 맛!
시원함에, 바삭함에 자꾸만 손이 가요!

넓고 평평한 그릇에
그릭 요거트를 펼쳐 담는다.

2

그래놀라를 펼쳐 올린다.

랩을 씌워 냉동실에서 3시간 이상
얼린 다음 한입 크기로 썬다.
*실온에 2~3분 정도 잠깐 꺼내뒀다가
썰면 더 쉽게 썰 수 있어요.

미리 만들어두고 즐기는
다이어트 간식

미니 그래놀라바

* 선물로도 좋은 미니 그래놀라바!
예쁘게 포장해서 다이어터 친구들에게 나눔해볼까요?

재료 / 10개 분량
보관 / 냉동 3일, 실온 3일

- 그래놀라 1컵(80g)
- 물 1큰술
- 올리고당 3큰술
- 올리브유 1작은술

 Tip
다른 모양으로 굳히기
과정 ③에서 얼음 틀이 없다면 넓고 평평한 그릇에 꾹꾹 눌러 담아 굳힌 다음 칼로 원하는 모양으로 썰거나 자연스럽게 부숴도 좋다.

1
지퍼백에 그래놀라를 담고 대강 부순다.

2
달군 팬에 물, 올리고당, 올리브유를 넣고 중간 불에서 1분간 끓인다. 끓어오르면 그래놀라를 넣고 약한 불로 줄인 후 재료끼리 뭉쳐지는 느낌이 생길 때까지 1~2분간 계속 젓는다.

3
얼음 틀에 ②를 꾹꾹 눌러 담고 실온에서 굳을 때까지 30분 이상 둔다. 굳으면 하나씩 쏙쏙 뺀다.
• 뜨거우니 조심하세요.

사과잼 과자

미리 만들어두고 즐기는
다이어트 간식

* 아삭한 사과 사이로 느껴지는 시나몬의 향이 참 맛있는 과자입니다.
마치 애플파이와 같은 맛과 향이 느껴져요.

재료 / 1인분
보관 / 냉장 2일

- 통밀 또띠야 1장
  (또는 또띠야)

사과잼
- 사과 1/4개(50g)
- 올리고당 20g
- 시나몬가루 1/2작은술
- 오트밀가루 1/2작은술

사과잼 활용하기
사과잼을 넉넉하게 만들어
다양하게 활용해도 좋다.
빵이나 크래커에 바르거나,
샌드위치 속재료로 추천.

사과는 사방 0.5cm 크기로 썬다.
내열용기에 사과잼 재료를 모두 넣고
섞은 후 뚜껑을 덮어 자작하게
졸여질 때까지 전자레인지에서
4분간 익힌다.

통밀 또띠야의 1/2지점까지
①의 사과잼을 펼쳐 바른 후
반으로 접는다.

종이포일에 올린 후 전자레인지에 넣고
통밀 또띠야가 바삭해질 때까지
1분 30초~2분간 익힌다.
한 김 식힌 후 원하는 크기로 썬다.

미리 만들어두고 즐기는
다이어트 간식

오트밀 바

재료 / 6개 분량
보관 / 냉장 3일

- 오트밀 2/3컵(80g)
- 아몬드 50g
- 건포도 40g
- 올리고당 1큰술
- 올리브유 1작은술

* 오후만 되면 출출함에 지치는 직장인 다이어터에게 추천!
미리 만들었다가 서랍에서 쏘옥, 가방에서 쏘옥~

Tip
**아몬드, 건포도를
다른 재료로 대체하기**
아몬드는 동량(50g)의 캐슈너트,
호두와 같은 다른 견과류로,
건포도는 동량(40g)의
건 크랜베리와 같은
다른 건과일로 대체해도 좋다.

 믹서에 오트밀, 아몬드를 넣고 가루가 될 때까지 곱게 갈아준다. 나머지 재료를 모두 넣고 반죽이 뭉쳐지는 느낌이 생길 때까지 갈아준다.
*잘 갈리지 않는다면
생수를 조금씩 더해도 좋아요.

 지퍼팩에 ①을 담고 1cm 두께의 네모난 모양으로 만든 후 냉장실에서 1시간 정도 굳힌다.

 가위로 위생팩을 잘라낸 후 먹기 좋은 크기로 썬다.

미리 만들어두고 즐기는
다이어트 간식

오트밀 쿠키

재료 / 9개 분량
보관 / 냉동 3일, 실온 2일

- 바나나 1개
- 오트밀 1컵(120g)
- 땅콩버터 1큰술

* 몸에 좋은 재료만 쏙쏙 더한 쿠키예요.
재료를 뭉쳐서 팬에 굽기만 하면 끝!

Tip
**팬 대신
오븐, 에어프라이어로 굽기**
과정 ②까지 진행한다.
<u>오븐</u> 170℃로 예열한 오븐에서
10~15분간 노릇하게 굽는다.
<u>에어프라이어</u> 180℃에서
9~10분간 노릇하게 굽는다.

1
볼에 바나나를 넣고
포크로 으깬 후
나머지 재료를 넣고 섞는다.

2
반죽을 9등분한다.
0.5cm 두께의
동글납작한 모양으로 만든다.

3
달군 팬에 반죽을 올리고 약한 불에서 2분,
뒤집어서 2분간 노릇하게 굽는다.

미리 만들어두고 즐기는
다이어트 간식

프로틴빵

영양만점 저지방 우유와 함께 드세요!

* 식사만으로는 단백질 보충이 부족하다면 프로틴빵을 만나보세요.
초콜릿빵을 연상케 하는 비주얼 덕분에 누구나 좋아할 거예요.

재료 / 1인분
보관 / 냉동 3일, 냉장 2일

- 익힌 고구마 1/2개(50g)
- 단백질 파우더 25g
  (사용 제품 : whey단백질파우더)
- 저지방 우유 1/4컵(50㎖)
- 달걀 1개
- 올리고당 1작은술
- 베이킹파우더 1작은술
- 소금 1/4작은술

 단백질 파우더
단백질 보충을 위해 섭취하는 가루 형태의 보충제. 식물성, 천연단백질 등 종류가 다양하므로 영양성분표를 꼼꼼히 확인하되, 단백질 함량이 높은 것을 추천.

1
내열용기에 익힌 고구마를 넣고 으깬다.
저지방 우유, 달걀, 올리고당을 넣고 섞는다.
• 고구마 익히기 67쪽

2
단백질 파우더, 베이킹파우더, 소금을 넣고 날가루가 없을 때까지 섞는다.

3
랩을 씌운 후 포크로 구멍을 뚫고 젓가락으로 가운데를 찔렀을 때 반죽이 묻어나오지 않을 때까지 전자레인지에서 5~6분간 익힌다.
• 랩 대신 뚜껑을 덮어도 좋아요.

chapter 4 미리 만들어두고 즐기는 **다이어트 간식**

바나나 컵빵

재료 / 1인분
보관 / 냉동 3일, 냉장 2일

- 바나나 1개(100g)
- 달걀 1개
- 다진 견과류 10g
- 베이킹파우더 1/2작은술
- 소금 약간
- 시나몬가루 약간(생략 가능)

* 달달한 머핀에 커피 한 잔이 생각나는 오후에 만나기 좋은, 바나나의 달달함이 그대로 녹아 있는 컵빵입니다.

1
내열용기(또는 컵)에
바나나를 넣고 포크로 으깬다.

2
베이킹파우더, 소금을 넣고
날가루가 없을 때까지 섞는다.
달걀을 넣고 한번 더 섞는다.

3
다진 견과류, 시나몬가루를 올린다.
전자레인지에서 3~4분간
젓가락으로 가운데를 찔렀을 때
반죽이 묻어 나오지 않을 때까지 익힌다.

미리 만들어두고 즐기는
다이어트 간식

오버나이트 오트밀

* 내일을 위해 잠자기 전에 만들어 두면 제격인 간식입니다.
재료를 담기만 하면 끝! 토핑은 취향에 따라 무엇이든 좋아요.

재료 / 2인분
보관 / 냉동 3일, 냉장 2일

- 오트밀 1/3컵(30g)
- 저지방 우유 1/2컵(100㎖)
- 떠먹는 요거트 1통(80g)
- 올리고당 1작은술

추천 토핑
- 그래놀라 적당량
- 각종 과일 적당량
- 견과류 적당량

 Tip
오버나이트 오트밀
오버나이트 오트밀(Overnight oatmeal)은 우유나 두유에 오트밀을 반나절 이상 재워 부드럽게 만드는 것.

1
그릇에 토핑을 제외한 모든 재료는 넣고 섞는다. 뚜껑을 덮고 냉장실에 최소 3시간 이상 불린다.
*뚜껑이 없다면 랩을 씌워도 좋아요.

2
먹기 직전에 원하는 토핑을 올려 먹는다.
*먹기 전에 너무 되직하면 우유나 요거트를 더해 주세요.

chapter 5

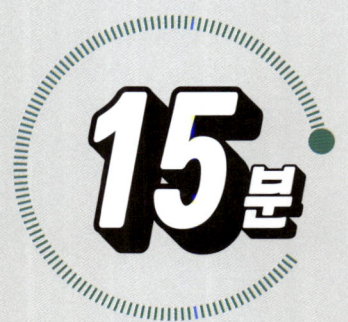

매일 저녁 15분!
필라테스 홈트

안자매 필라테스 홈트를 영상으로도 만나보세요!

SNS나 필라테스 회원님들께서 저희에게
가장 많이 묻는 질문 중 하나!
"운동을 해야 하는데 시간이 부족해요."입니다.
그럼 저희는 이렇게 답해요.
**"매일 밥을 먹고, 양치를 하고, 회사를 가는 것처럼
운동을 하나의 '습관'으로 만드세요."라고요.**

다이어트에 가장 중요한 것은 '먹는 것'이지만
건강하게 빼고 싶다면 꼭 운동을 권합니다.
하지만 대부분 바쁘다는 이유로,
힘들다는 핑계로 운동을 멀리하게 되는데요,

그렇다면 좋은 방법이 있지요. 바로 홈트!
**홈트는 홈(home·집)과 트레이닝(training·운동)의 합성어로
집에서 하는 운동을 말해요.**

시간이 없다면, 운동하러 갈 여건이 안된다면?
우리 이제 홈트를 해볼까요?

* 알아두기

1. 필라테스 홈트 기본(134~137쪽)은 이어서 나오는 모든 동작과
자연스럽게 이어지기에 반복해서 진행하는 것이 좋아요.

2. 매일 하루에 하나씩 할 수 있는 부위별 운동 10가지를 담았어요.
이를 참고해서 난이도 & 상황에 맞춰 나만의 하루 운동 계획을 짜는 방법은 164쪽에서 확인하세요.

3. 동작이 잘 보이도록 하기 위해 책에서는 매트 없이 촬영했습니다만,
안전을 위해, 정확한 동작을 위해 꼭 매트 위에서 운동을 해야 합니다.
더 자세한 홈트를 위해 준비할 것, 주의할 점은 16~17쪽에서 확인하세요.

필라테스 홈트 기본 알아두기

기본 호흡하기 (들숨, 날숨)

- ☑ 필라테스에서 가장 기본이 되는 호흡하기입니다. 호흡을 잘하면 몸의 중심부를 안정적으로 유지해 줄 뿐만 아니라 근육 이완, 스트레스 해소, 집중력 향상 등의 효과를 낼 수 있답니다.
- ☑ 숨을 코로 들이마시는 것을 들숨, 입으로 내쉬는 것을 날숨이라고 해요.

1 들숨 : 편한 자세로 앉은 후 손을 가볍게 올려주세요. 코로만 숨을 천천히 들이마시면서 갈비뼈를 양옆으로 크게 열어주세요. 즉, 갈비뼈 사이사이에 공기가 들어간다는 느낌으로요. 이때, 어깨가 위로 올라가거나 힘이 들어가지 않도록 합니다.

2 날숨 : 입으로 숨을 천천히 내쉬고 열었던 갈비뼈를 한가운데로 닫아주면서 복부를 수축합니다. 들숨 때와 달리 양옆으로 열렸던 갈비뼈가 배꼽을 중심으로 닫히는 느낌이에요.

*갈비뼈가 열리고, 닫히는 움직임을 느끼기 어려운가요?
이럴 때는 두 손으로 갈비뼈를 감싼 후 들숨, 날숨을 해보세요.

롤 다운 & 롤 업 (Roll-down & Roll-up) 3회 진행

- ☑ 필라테스의 가장 기본 동작. 뻣뻣한 척추를 유연하게 만들어주는 '척추 분절' 동작이에요.
- ☑ 보기에는 쉬워 보이지만 전신에 집중해서 천천히 움직이고 나면 온몸에 땀이 확 날 정도이지요.

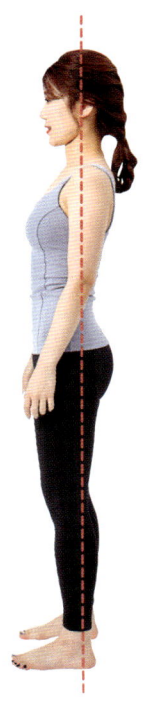

*뒷허벅지가 아프다구요? 그럼 무릎을 살짝 구부리고 해보세요.

❶ 두 발을 골반 너비 11자로 서주세요. 옆에서 보았을 때 몸의 중심이 직선이 되도록 해요. 숨을 들이마시고~

❷ 숨을 내쉬면서 고개를 숙이고 목뼈부터 이어지는 척추 라인을 하나, 하나 구부린다는 생각으로 내려갑니다. 머리부터 시작해서 꼬리뼈까지, 발바닥 전체로 몸을 지탱하고, 엉덩이가 뒤로 빠지지 않도록 해요.

❸ 다 내려갔을 때 손끝, 어깨, 목의 힘을 풀어주세요. 그 자세 그대로 숨을 들이마시고, 내쉬면서 내려왔던 순서의 반대로 척추를 세우며 올라와요.

골반 중립 & 복부 수축

- ☑ 골반 중립 자세는 필라테스의 가장 기본적인 시작 자세입니다.
- ☑ 복부 운동을 할 때 허리가 많이 아프다면 골반 중립 & 복부 수축에 대한 이해를 먼저 정확하게 하여 코어 근육을 쓸 수 있도록 연습을 해보세요.

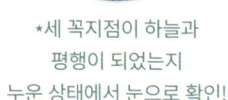

① 누운 자세에서 무릎을 구부려요.
이때, 무릎과 발이 11자가 되도록,
골반 너비만큼 벌리세요. 사진과 같이 누웠을 때
척추가 자연스러운 S자 커브를 이루며
편안한 상태일 때를 '골반 중립'이라고 합니다.

*세 꼭지점이 하늘과
평행이 되었는지
누운 상태에서 눈으로 확인!

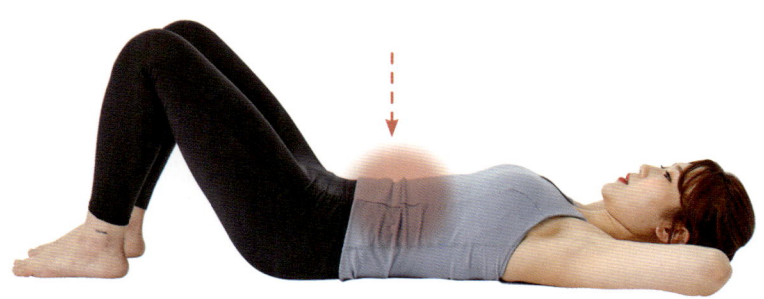

② 숨을 들이마시고 내쉬면서 골반을 배꼽 쪽으로 잡아당긴다는 생각으로 움직여서
등을 바닥에 꾹 눌러주세요. 등과 바닥이 완전히 밀착하도록 복부에 힘을 줍니다.

컬업 (Curl up) 10회씩 3세트 (총 30회)

☑ 코어 근육(중심부 : core + 근육 : muscle을 합친 것)을 키우는데 좋은 동작이에요.
☑ 매일 하면 복부가 탄탄해지고, 코어 근력이 더 강하게 되서 다양한 홈트를 수월하게 할 수 있답니다.

① 누운 자세에서 무릎을 구부려요. 이때 무릎과 발이 11자가 되도록, 골반 너비만큼 벌리세요.
두 손은 앞으로 나란히 들며 숨을 들이마셔요.

*세 꼭지점이 하늘과 평행이 되었는지 누운 상태에서 눈으로 확인!

② 숨을 내쉬면서 골반을 배꼽 쪽으로 잡아당긴다는 생각으로 움직여서 등을 바닥에 꾹 눌러주세요.
이때, 등과 바닥이 완전히 밀착하도록, 복부에 단단하게 힘이 들어가요.

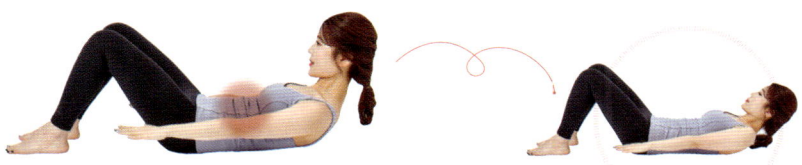

③ 숨을 들이마시고 다시 내쉬면서 날개뼈까지 들리도록 상체를 들어 올리세요.
동시에 두 손을 골반 옆으로 천천히 내려주세요.
숨을 마시고 내쉬면서 ①번 동작으로 돌아갑니다.

* 어깨와 목에 힘을 주면 안돼요!
복근의 힘으로, 어깨와 귀가 멀어진다는 느낌으로 컬업 동작을 유지하세요.

필라테스 홈트

미운 팔뚝살
& 둥근 어깨 없애기

네발기기 자세 양쪽 10회씩 3세트(총 60회)

☑ 팔뚝 뿐만 아니라 몸의 균형 향상에도 도움을 줘요.
☑ 손목이 아프지 않도록 팔과 등의 근육을 사용하도록 신경쓰세요.

① 손은 어깨너비, 무릎은 골반 너비로 간격을 맞추고 자세를 만들어요. 팔꿈치는 안쪽이 서로 마주 보게 하고, 척추뼈는 일직선을 유지해요.

② 숨을 내쉬면서 오른팔, 왼쪽 다리를 균형을 잡으며 뻗어요. 등 위에 긴 막대기 하나가 올려졌다고 상상하며 막대기가 떨어지지 않게 손끝부터 발끝까지 일직선 3초간 유지!

③ 숨을 들이마시며 무릎과 팔꿈치가 닿도록 당겨 줍니다. 이때, 무릎을 꿇고 있는 다리가 기둥! 복부에도 힘을 주세요.
②, ③번 동작을 10회 반복한 후
마지막은 10초간 그대로 버텨보세요.

* 다리를 너무 높게 들거나, 옆으로 빠지지 않도록 하세요.

어깨펴기 10회씩 2세트(총 20회)

1 편한 자세로 앉아요. 손바닥이 위를 향하도록
팔꿈치를 직각으로 접으세요. 팔꿈치는 옆구리에 딱 붙이고,
귀와 어깨가 멀어진다는 느낌으로 정면을 봅니다.
숨을 들이마시고,

2 내쉬면서 팔꿈치를 양옆으로 똑같은 각도로 펼쳐
W모양을 만들어요.

NG!
* 어깨 높이가 다르거나,
팔의 위치가 다르면 안돼요!

3 다시 숨을 들이마시고 내쉬면서 손이 팔꿈치와 수평이 되는
지점까지 내립니다. 다시 ①번 동작을 반복해요.

팔 스트레칭 양쪽 10초씩 2세트

1 편한 자세로 앉아요. 한 손을
손바닥이 정면을 향하도록
위로 올려요. 이때, 뻗은 쪽 어깨가
너무 올라가지 않았는지
눈으로 꼭 확인하세요!

2 숨을 들이마시면서 반대편 손으로 손목을 가볍게 잡아주세요.

3 내쉬면서 잡힌 손목을 뽑아내듯이 당겨가며 몸통을 기울여요.
이때, 가슴은 계속 정면을 향하도록 해요.
팔에서 옆구리로 이어지는 라인이 시원하도록 스트레칭해요.
들이마시면서 제자리로 돌아온 후 편한 자세로 돌아가서
반대쪽 팔을 진행해요.

필라테스 홈트

옷태 살리는 힙업 운동

day 2

힙 브릿지 (Hip bridge) 10회씩 3세트(총 30회)

① 누운 자세에서 무릎을 구부려요.
이때 무릎과 발이 11자가 되도록, 골반 너비만큼 벌리고,
손바닥을 편하게 바닥에 붙입니다.

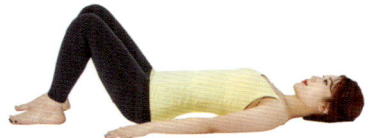

② 숨을 들이마시고 내쉬면서 골반을 배꼽 쪽으로 잡아당긴다는
생각으로 움직여서 등을 바닥에 꾹 눌러주세요.
등과 바닥이 완전히 밀착하도록 복부에 힘을 줍니다.

③ 이어서 숨을 들이마시면서 꼬리뼈부터 가슴 밑선까지
순차적으로 척추를 하나씩 뗀다는 기분으로 들어 올려요.
엉덩이와 허리에 힘을 주며 그대로 지탱!
들어 올린 후 눈으로 내려보았을 때 가슴부터 무릎까지 일직선인지,
양쪽 골반 높이가 같은지 확인하세요.

④ 들어 올린 순서 반대로, 위에서부터 아래로 척추뼈 하나씩
바닥에 닿는다는 기분으로 내쉬면서 천천히 내려와서 다시
①번 자세로 만듭니다. 바닥에 닿는 순간까지 엉덩이에 힘!

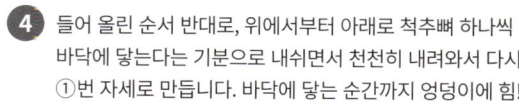

*무릎이 벌어지지 않도록 11자 유지!
배가 나오지 않도록 배에 힘! 엉덩이가 쳐지지 않도록 힘!

NG!

*엉덩이, 허리에 힘을 줘야하는데
어깨에 힘을 주는 경우가 있어요.
이렇게 되면 가슴이 들리면서
목에 무리가 가요.

클램 (Clam) 양쪽 15회씩 3세트(총 90회)

☑️ 벌린 다리 모양이 마치 조개 입 같다고해서 클램이라고 해요.

① 옆으로 누워 팔로 머리를 편하게 받치고, 다른 팔을
가슴 앞에 두고 지탱해요. 두 다리를 포갠 다음 앞으로 반쯤
구부립니다. 발의 뒤꿈치를 붙인 상태로 V자 모양으로 열어요.
숨을 들이마시고,

*앞에서 봤을 때 얼굴, 가슴이 정면을 향하도록!

*위에서 봤을 때 머리, 등, 엉덩이, 발끝이 일(ㅡ) 자가 되도록

② 다시 내쉬면서 복부의 힘으로 상체, 골반, 엉덩이를
고정하면서 무릎을 열어주세요. 숨을 마시면서 닫아줍니다.

* 무릎을 열면서 엉덩이가 뒤로
넘어가거나 앞으로 기울어지는분들이 많아요.
양쪽 골반이 계속해서
정면을 볼 수 있도록 집중해요.

힙 스트레칭 양쪽 30초씩 1회씩

① 한쪽 다리를 앞으로 보내 접고, 다른 다리는 무릎부터
발끝까지 일직선이 되도록 뻗어요. 이때, 뻗은 뒷다리의
발목이 꺾이지 않도록 하세요. 숨을 들이마시고,

② 내쉬면서 호흡과 함께 천천히 상체를 숙이며 내려갑니다.
어깨에 힘을 빼고 팔을 앞으로 뻗어주세요.
엉덩이 바깥쪽 근육의 이완되는 느낌에 집중하며
들숨, 날숨을 천천히 30초간 진행해요.

*위에서 봤을 때 몸이 틀어지지 않고
일(ㅡ) 자가 된다는 느낌으로 팔, 다리를 쭉 펴요.

* 팔, 다리가 옆으로 나가지
않도록 하세요!

필라테스 홈트

속옷 위로 올라오는
등살 어쩌지?!

암워킹 오른쪽 손부터 10회, 왼쪽 손부터 10회(총 20회)

☑ 자신의 체중을 이용한 근력 운동이에요. 등뿐만 아니라 전신 운동으로도 좋아요.
☑ ②번 동작에서 먼저 바닥을 짚는 손 쪽으로 무게 중심이 쏠리면서 힘이 더 들어가게 된답니다.

❶ 두 발을 골반 너비 11자로 서주세요.
옆을 보며 서서 숨을 들이마십니다.

❷ 내쉬면서 몸을 숙여 총 4회에 걸쳐 손바닥으로 바닥을 짚으며
마치 걷듯이 앞으로 나가주세요.
바닥을 짚을 때마다 호흡을 후-후- 뱉습니다.

❸ 다 내려갔을 때 어깨의 아래에 손바닥이 위치하도록, 무릎이 펴지도록, 복근에 힘이 들어가도록
플랭크 자세를 만듭니다. 이때, 허리를 숙이거나 엉덩이가 들리지 않도록 해요.
다시 4회에 걸쳐 손바닥으로 바닥을 짚으며 ①번 자세로 일어나세요.

*손바닥으로 가슴을 밀어내듯이 힘을 주세요.
무릎을 펴는 것이 어렵다면
무릎을 살짝 구부려도 돼요.

백익스텐션 10회씩 3세트(총 30회)

☑ 등살뿐만 아니라 허리와 척추를 튼튼하게 해준답니다.

① 바닥에 배를 대고 엎드려요. 두 손, 두 발은 편한 상태로 뻗어서 벌리고, 얼굴은 코끝이 바닥에 닿을락 말락해요. 시선은 바닥을 향합니다. 숨을 들이마시고,

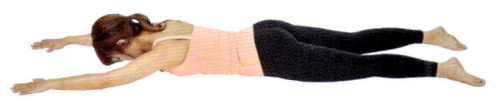

② 내쉬면서 팔꿈치를 접어 옆구리 쪽으로 당기면서, 동시에 등의 힘으로 상체를 들어 올리세요. 다리는 바닥에서 뜨지 않도록 발을 최대한 바닥에 붙여주세요. ①, ②번 동작을 반복해요.

*어깨와 귀가 멀어지도록 계속 신경쓰세요.

NG!
* 한쪽 어깨와 한쪽 다리만 뜨지 않도록, 승모근에 힘이 너무 많이 들어가지 않도록 하세요. 두 팔과 두 다리 모두 수평을 맞추는 것이 중요해요.

고양이 & 소 자세 자세 유지 10초씩 총 6회

☑ 뻣뻣해진 척추를 부드럽게 만들어주는 동작입니다. 오래 앉아 있는 학생, 직장인들에게 특히 추천하지요.

① 손은 어깨너비, 무릎은 골반 너비로 간격을 맞추고 자세를 만들어요. 팔꿈치는 안쪽이 서로 마주 보게 하고, 척추뼈는 일직선을 유지해요.

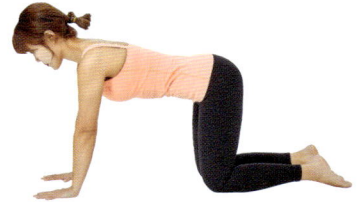

② 숨을 들이마시면서 머리를 젖히고, 허리는 곡선을 만든다는 생각으로 바닥 쪽으로 내려주고 10초간 유지. 일명 소 자세! 자연스럽게 들숨, 날숨 호흡(134쪽)해요.

*어깨와 귀가 멀어지도록 계속 신경쓰세요.

③ 숨을 내쉬면서 머리를 숙이며 복부를 등쪽으로 당긴다는 느낌으로 둥글게 끌어올린 다음 10초간 유지. 고양이 자세! 자연스럽게 들숨, 날숨 호흡(134쪽)해요.

*엉덩이가 뒤로 빠지지 않도록 힘을 주도록 해요.

필라테스 홈트

통자 허리
탈출하기

day **4**

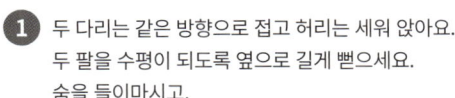
머메이드 양쪽 번갈아가며 10회씩 2세트 (총 20회)

① 두 다리는 같은 방향으로 접고 허리는 세워 앉아요.
두 팔을 수평이 되도록 옆으로 길게 뻗으세요.
숨을 들이마시고,

*다리가 접힌 방향 쪽의 엉덩이가 뜨지 않도록,
정면에서 봤을 때 골반의 높이가 같고,
앞을 향하도록, 최대한 엉덩이를 눌러주세요.

*어깨 높이가 다르거나,
엉덩이가 들리지 않도록 하세요!

② 내쉬면서 한쪽 팔을 길게 넘기면서 몸통을 기울여
내려갑니다. 반대 손은 자연스럽게 바닥을 짚어요.

③ 제자리로 돌아와 다시 ①번 동작을 한 후,
반대 팔을 길게 넘기며 ②번 동작을 동일하게 진행해요.

*내려갔을때 아래있는 어깨가
올라오지 않도록 의식하며 내리고,
엉덩이는 바닥에 밀착시켜 주세요.

가슴 들어 몸통 회전시키기
양쪽 번갈아가며 10회씩 3세트(총 30회)

1 누운 자세에서 무릎을 구부려요. 이때 무릎과 발이 11자가 되도록, 골반 너비만큼 벌리세요.
손바닥을 가볍게 뒤통수에 가져갑니다. 숨을 들이마시고,

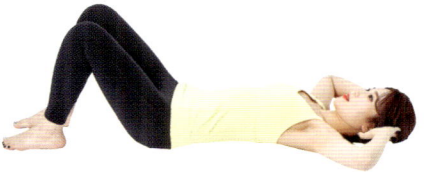

2 내쉬면서 한쪽 팔꿈치가 반대편 무릎과 가까워지도록 몸통을 비틀며 올라와요. 날개뼈 정도까지 들리도록!
이때, 어깨가 올라가지 않도록 주의해요.

3 다시 힘을 풀며 ①번 동작으로 만들어요.

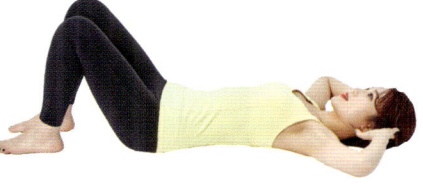

4 반대쪽 몸통 역시 같은 방법으로 진행해요.

*복부 근육을 대각선으로 종이접기 한다고 상상하며 비틀어 올라오세요.

옆구리 스트레칭
양쪽 번갈아가며 10회씩 2세트(총 20회)

1 두 무릎을 바닥에 두어 골반 너비로 맞춰 주세요.
엉덩이가 뒤로 빠지지 않도록 힘을 주고,
골반이 정면을 향하도록 한 후 두 팔이 수평이 되도록
옆으로 길게 뻗으세요. 숨을 들이마시고,

2 내쉬면서 한쪽 팔을 길게 넘기면서 옆구리를 쭉 늘려줘요.
반대 손은 힘을 빼고 가볍게 아래로 향하도록 해요.

*갈비뼈 사이의 공간이 열릴 수 있게 쭉 늘리되, 어깨가 올라오지 않도록 주의!

3 들이마시면서 제자리로 돌아와 다시 ①번 동작을 한 후,
반대 팔을 길게 넘기며 ②번 동작을 동일하게 진행해요.

*반대쪽 중지 손가락이 매트에 닿을 정도로 기울여 볼까요? 점점 내려가는 범위를 늘려보세요.

필라테스 홈트

허벅지 안쪽 살
너네 그만 이별해

day **5**

프로그 10회씩 3세트(총 30회)

☑ 다리 모양이 개구리 다리를 연상시키는 동작이에요. 휜 다리 교정에도 도움을 준답니다.

1 누운 자세에서 무릎을 직각으로 들어 올려요.
무릎은 마름모 모양으로 벌려서 열고 뒤꿈치는 붙인 상태로
발을 V자 모양으로 만들어요. 숨을 들이마시고,

2 내쉬면서 복부의 힘으로 등을 바닥에 꾹 누르며
무릎을 쭉 뻗어서 벌어진 다리를 쫙 붙이세요.
마치 발바닥으로 눈에 보이지 않는 벽을 민다는 느낌으로!
허벅지 안쪽에 힘이 많이 들어가야 해요.

*허벅지부터 발끝까지 맞닿은 안쪽이 빈틈없도록
꽉 붙여볼까요? 허벅지 안쪽에 단단하게 힘이 들어오지
않나요? 뒤꿈치끼리 떨어지지 않게,
좌우 발 모양, 높이가 같도록 계속 노력하세요.

시저 20회씩 2세트 (총 40회)

☑ 두 다리를 교차하는 모양이 마치 가위질하는 것 같답니다.

① 누워서 팔꿈치부터 손바닥까지 바닥에 닿도록 내려둡니다.
두 다리는 무릎을 직각으로 들어 올리고 상체를 세워요.
엉덩이는 바닥에 닿도록 합니다.
복근에 힘을 주면서, 어깨와 귀가 멀어지도록!

* 어깨가 무너지지 않도록 가슴을 끌어올리며, 복근에 힘을 주세요. 어깨에 너무 힘이 들어가면 안 돼요.

② 숨을 들이마시면서 무릎까지 모두 펴지도록 다리를 쫙 펴주세요. 이때, 허벅지부터 발끝까지 맞닿은 안쪽이 빈틈없도록 꽉 붙이세요.

③ 내쉬면서 다리를 번갈아가며 가위질하듯 위아래로 교차시켜 줍니다.
이때, 교차할 때마다 호흡을 후후 뱉어주세요.

*1초당 한번 번갈아갈 정도의 속도면 돼요.

내전근 스트레칭 양쪽 5회씩 2세트 (총 20회)

① 한쪽 무릎은 꿇고 반대편 무릎은 활짝 열어주세요.
무릎 꿇은 쪽은 발등이 바닥에 닿게, 반대쪽은 발바닥이 닿도록요.
두 팔을 수평이 되도록 길게 뻗으세요.
엉덩이에 힘을 주고 숨을 들이마십니다.

*앞에서 봤을 때 얼굴, 가슴, 골반이 정면을 향하도록!

*옆에서 봤을 때 엉덩이, 배가 나오지 않도록 힘을 주세요.

② 내쉬면서 열어낸 다리 방향으로 몸을 밀어 허벅지 안쪽을 스트레칭해요. 이때 팔은 계속 수평으로 뻗으며 균형을 잡되, 엉덩이와 배가 나오지 않도록 힘을 주세요.

* 밀어내는 쪽의 무릎이 앞으로 기울지 않도록, 어깨에 힘이 들어가서 팔의 평행이 무너지지 않도록 해요.

147

필라테스 홈트

삐져나오는
겨드랑이살 작별하기

day 6

사이드 플랭크 10회씩 2세트 (총 40회)

1 옆으로 누운 자세에서 양쪽 무릎을 포개어 앞으로 접어주세요
어깨의 아래에 팔꿈치가 올 수 있도록 정렬을 맞춥니다.
숨을 들이마시고,

*포갠 무릎의 높이가 같도록,
엉덩이와 배가 나오지 않도록 힘을 주세요.

2 내쉬면서 팔꿈치로 바닥을 밀어내며
엉덩이를 누군가가 위로 당긴다는 느낌으로 끌어올려요.

NG!

* 어깨, 목에 힘이 들어가지 않도록,
어깨와 귀가 가까워지지 않도록 하세요.
팔꿈치로 바닥을 밀어내는 힘을 쓸 때에
겨드랑이 아래를 손으로 눌러보세요.
단단하게 힘이 들어가는지 체크합니다.

푸쉬업 10회씩 3세트 (총 30회)

☑ 기존 푸쉬업에 비해서는 레벨이 낮은 방법이랍니다.

① 양손을 어깨너비로, 손가락은 살짝 모아진 상태로 바닥을 짚어요.
무릎을 붙여 지탱하며 두 발을 서로 교차한 후, 숨을 내쉬면서 몸통이 사선으로 일직선이 되게 띄워주세요.

② 등 위에 긴 막대기 하나가 올려졌고 상상해볼게요. 숨을 들이마시면서 막대기가 떨어지지 않게
몸통의 일직선을 유지하며 팔꿈치를 구부려 내려갑니다. 숨을 내쉬면서 그대로 올라와요.

*내려갈때는 날개뼈가 가운데로 모이는 느낌으로
등을 쓰고, 올라올때는 겨드랑이와 가슴의 힘을 쓰며
보이지 않는 벽을 밀어보세요.

NG!

* 허리가 꺾이면 모든 균형이 무너져요!

☑ 139쪽의 팔 스트레칭을 이어서 진행하세요.

필라테스 홈트

중력을 거스르는 엉덩이 운동

day 7

덩키킥 양쪽 15회씩 3세트(총 90회)

① 손은 어깨너비, 무릎은 골반 너비로 간격을 맞추고 자세를 만들어요. 팔꿈치는 안쪽이 서로 마주 보게 하고, 척추뼈는 일직선을 유지해요.

② 숨을 들이마시면서 한쪽 발을 뒤로 쭉 뻗어서 발가락이 바닥에 살짝 닿도록 해주세요.

③ 내쉬면서 다리를 편 상태 그대로 올려주세요. 이때, 양쪽 손바닥은 바닥을 밀어내고, 복부에 힘을 주면서 허리가 꺾이지 않는 위치까지 다리를 올려줍니다. 발을 높이 드는 것보다 자세를 유지하는 것이 중요해요.

리프트 10회씩 2세트 (총 60회)

① 바닥에 배를 대고 엎드려요. 두 발은 편한 상태로 벌리고,
두 손은 바닥을 향하도록 펼쳐서 서로 겹친 후 이마에 댑니다. 숨을 들이마시고,

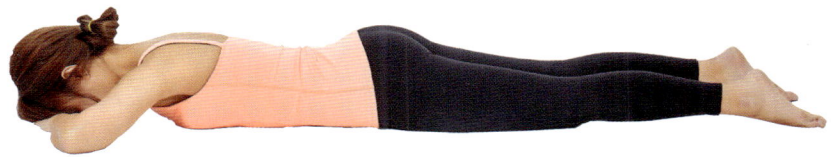

② 내쉬면서 발끝을 쭉 펴면서 한쪽 다리를 높게 올리고 다시 내려요.
한쪽 다리를 10회 진행하고, 반대쪽 다리를 10회 진행해요.

③ 다시 숨을 들이마시며 양쪽 다리를 함께 올리고 내려요.
등과 엉덩이의 힘을 느끼며 10회 반복합니다.

*무릎이 굽혀지지 않게 발끝까지 힘을 써주세요.
복부의 힘으로 바닥에서
양쪽 골반뼈가 뜨지 않게 눌러주세요.

☑ **141쪽의 힙 스트레칭을 이어서 진행하세요.**

필라테스 홈트

굽은 등,
짝 펼쳐볼까?

스완 8회씩 2세트(총 16회)

① 코끝이 바닥을 향하도록 엎드려요. 손바닥은 양쪽 어깨 옆에 두고 바닥을 짚어주세요. 두 다리는 곧게 뻗고 두 발은 편한 상태로 벌립니다.
숨을 들이마신 다음,

② 내쉬면서 손바닥으로 바닥을 밀어내며 머리부터 천천히 상체를 들어 올리세요.
머리 → 가슴 → 배꼽 순으로 쭉 세워요.
내려올 때는 올라온 순서의 반대로 내려가면 돼요.

NG!

* 어깨에 힘이 들어가지 않도록,
어깨와 귀가 멀어지도록 해요.

스위밍 10회씩 3세트(총 30회)

☑ 동작이 마치 헤엄치는 모습과 비슷해요.

① 바닥에 배를 대고 엎드려요. 두 손, 두 발은 편한 상태로 뻗어서 벌리고, 얼굴은 코끝이 바닥에 닿을락 말락해요. 시선은 바닥을 향합니다. 숨을 들이마시고,

② 내쉬면서 두팔과 두 다리를 동시에 살짝 띄워서 자세를 유지합니다. 어깨가 올라가지 않도록 주의하세요.

③ 한쪽 팔과 반대쪽 다리를 위로 올려 척추기립근과 엉덩이 근육을 사용해 봅니다.

④ 이번에는 반대편 팔과 다리를 올려주세요. 리드미컬한 들숨, 날숨 호흡(134쪽)과 움직임으로 자연스레 수영하듯 ③~④ 동작을 속도를 내서 10회 진행합니다. 1초당 2회 반복할 정도의 속도면 돼요.

*팔을 머리 위로 올리기만 해도 어깨에 잔뜩 힘이 들어간다면? 팔꿈치를 쭉 펴지 말고 살짝 구부려 보세요.

☑ **143쪽의 고양이 & 소 자세를 이어서 진행하세요.**

필라테스 홈트

납작한 아랫배 만들기

day 9

싱글레그 스트레치 12회씩 3세트(총 36회)

① 누운 자세에서 한 다리는 45° 높이로 쭉 뻗어요.
반대쪽 다리는 무릎을 당기고
한 손은 발목에, 다른 한 손은 무릎에 가볍게 올려줍니다.
숨을 들이마신 다음,

② 내쉬면서 다리는 그대로 유지하되,
상체를 천천히 들어 올려 날개뼈까지 세워주세요.
어깨와 귀가 멀어지도록 신경 쓸 것!
목에 힘이 들어가지 않고 배에 힘이 들어가도록 집중!

③ 마시고 내쉬는 호흡에 반대편 다리로 교차해요. 손 역시 사뿐사뿐 바꿔주세요.
복부의 힘으로 허리를 바닥에 꾹 닿도록 하며 몸통이 흔들리지 않도록 합니다.
다리를 계속 교차합니다.

* 손은 다리를 가볍게 감싸야 해요.
다리에 매달리듯이 지탱하면 안돼요!
복부에 힘이 들어가야합니다.

토텝 양쪽 번갈아가며 10회씩 3세트(총 30회)

☑ 토텝은 발로 바닥을 찍는다는 뜻의 동작이에요.

1 누운 자세에서 무릎을 직각으로 구부려요.
이때, 무릎과 발이 11자가 되도록, 골반 너비만큼 벌리고,
손바닥을 가볍게 뒤통수를 감쌉니다.
숨을 들이마신 다음,

2 내쉬면서 상체를 들어 올려 날개뼈까지 세워주세요.
동시에 한쪽 다리는 직각 모양 그대로 내려가 뒤꿈치를
바닥에 가볍게 닿고 올라옵니다.

3 다시 호흡과 함께 반대편 다리를 같은 방법으로 진행해요.
목에 힘이 들어가지 않고, 배에 힘이 들어가도록 집중!

*다리가 직각 모양 그대로 바닥에 내려갈 때는
천천히, 무겁게 떨어진다는 기분으로 해요.
즉, 복부의 힘으로 당기 전까지 힘을 조절하세요.

☑ **145쪽의 옆구리 스트레칭을 이어서 진행하세요.**

필라테스 홈트

극세사 다리
완성하기

> ☑ 동작이 익숙해진다면
> day 5(146쪽)을 이어서 해도 좋아요.

사이드 런지 & 밸런스 양쪽 10회씩 2세트(총 40회)

❶ 두 다리를 모으고 선 자세에서 두 손은 가볍게 깍지끼고 가슴 앞에서 모아봅니다.

❷ 숨을 들이마시면서 한 발을 성큼 옆으로 옮겨 무릎을 구부리고 의자에 앉듯이 앉아주세요. 이때, 상체가 무너지지 않도록 허리를 곧게 세워줍니다.

❸ 내쉬면서 이동했던 발을 그대로 끌고 와요. 몸의 중심이었던 반대 다리의 무릎을 들고 외발서기로 균형을 잡아주세요.

더블 레그 리프트 양쪽 10회씩 3세트(총 60회)

1 옆으로 누워 팔로 편하게 머리를 받치고, 다른 팔은 가슴 앞에 두고 지탱해요.
두 다리를 포갠 다음 쭉 뻗어주세요. 이때, 다리 사이가 최대한 붙도록 힘을 줍니다.
숨을 들이마신 다음,

*앞에서 봤을 때 얼굴, 가슴이 정면을 향하도록

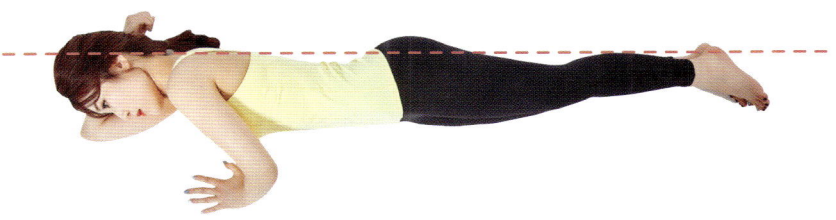

*위에서 봤을 때 머리, 등, 엉덩이, 발끝이 일직선이 되도록

2 내쉬면서 두 다리를 번쩍 올렸다가 다시 숨을 들이마시면서 살짝 다리 내리기를 반복해요.
두 다리를 올렸을 때 아래에 있는 다리의 허벅지 안쪽 근육을 느껴보세요.

☑ **147쪽의 내전근 스트레칭을 이어서 진행하세요.**

유연성, 근력 모두 잡는 1분 스트레칭

옆구리 스트레칭

① 배, 엉덩이에 힘을 주고
두 다리를 모으고 서주세요.
두 손은 권총 모양을 만들어서
위로 쭉 뻗어주세요.
어깨가 올라오지 않도록 한 후
숨을 들이마시고,

② 천천히 내쉬면서 몸통을 기울여 넘어갑니다.
옆구리에 집중하며 1분간 들숨, 날숨 호흡(134쪽)해요.
골반을 조금씩 밀면서 자극을 더 느껴도 좋아요.
①번 동작으로 돌아온 후
반대쪽으로 1분간 스트레칭해요.

＊ 가슴, 얼굴이 앞이나 옆으로 무너지지 않도록
계속 정면을 향하도록 하세요. 손을 최대한 뒤로 당기듯이
내려가면 덜 무너질 거예요.

엉덩이 스트레칭

① 바로 누운 자세에서 양 무릎을 세워주세요.

② 한쪽 발목을 반대쪽 무릎 위에 올려 4자 모양을 만들어요.

③ 올리지 않은 다리의 허벅지 아래로 양손을 넣어 깍지를 껴요.
천천히 다리를 가슴 쪽으로 당겨보세요.
1분간 들숨, 날숨 호흡(134쪽)해요. 허리가 뜨지 않게,
접힌 다리의 모양이 흐트러지지 않도록 주의해요.

> ✓ 1분동안 스트레칭을 하면 유연성뿐만 아니라 근력도 향상! 타이머를 이용해 자세는 1분 유지하도록 합니다.

장요근 & 앞허벅지 스트레칭

1 무릎을 꿇은 자세에서 두 다리 사이에 엉덩이를 붙이고 앉아요. 이때 등이 일(一) 자가 되도록 쫙 펼쳐주세요.

*앞에서 봤을 때   *옆에서 봤을 때

2 한쪽 팔꿈치도 뒤로 바닥을 짚어 앞 허벅지를 늘려준 다음 그 반대편 팔꿈치도 조심스레 내려봅니다.

3 천천히 뒤통수와 등을 내려놓으며 누워주세요. 이때, 가슴을 시원하게 이완시켜주고, 허리가 위로 너무 들리지 않도록 복부의 힘으로 살짝 눌러줍니다. 1분간 들숨, 날숨 호흡(134쪽)해요.

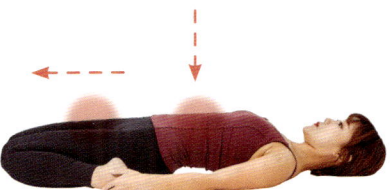

종아리 & 뒷허벅지 스트레칭

1 손은 어깨너비, 무릎은 골반 너비로 간격을 맞추고 자세를 만들어요. 팔꿈치는 안쪽이 서로 마주 보게 하고, 척추뼈는 일직선을 유지해요.

2 손바닥으로 바닥을 밀어내며 동시에 무릎을 펴고 꼬리뼈가 가장 높게 있도록 몸을 ㅅ자 모양으로 만들어요. 이때, 등과 무릎은 쭉 편 상태로, 뒤꿈치는 최대한 바닥에 붙이도록 해보세요. 종아리 스트레칭에 집중하며 1분간 진행합니다.

생리 중 추천! 혈액 순환을 도와 몸의 부기를 빼는 스트레칭

가자미근 & 햄스트링 스트레칭

1 두 다리를 앞으로 뻗어 앉은 다음 한쪽 다리 무릎을 접어 반대편 허벅지에 올려줍니다.

*허벅지에 발을 올리는 것이 어렵다면 사진과 같이 허벅지 안쪽에 붙여도 좋아요.

2 상체를 숙이면서 아래쪽 다리는 발끝까지 쭉 뻗어보세요. 그대로 호흡을 들숨, 날숨(134쪽) 진행하며 1분간 유지. 반대쪽도 동일하게 진행하면 돼요.

고관절 스트레칭

❶ 무릎을 벌려 다리를 ㄷ자 모양으로 만들어 줍니다.
손은 깍지를 끼고, 팔꿈치로 바닥을 짚어서 삼각형으로 만들어주세요.

❷ 내쉬는 숨에 천천히 팔꿈치를 밀어 엉덩이를 내려주세요.
한번 내려갔을 때 지그시 아래로 누르는 힘을 주며 10초간 유지하고,
위아래로 천천히 움직이며 1분간 반복해 볼게요.
이때, 허리가 과도하게 꺾이지 않도록 등을 평평하게 만들어주세요.

*옆에서 봤을 때

*위에서 봤을 때

나의 상황에 맞춰 다이어트 식단을 짜보세요!

하루 세 끼 제때 먹는 경우

- 제시간에 맞춰 아침, 점심, 저녁 식사가 가능한 학생, 직장인 등이 주로 해당돼요.
- 세 끼에 영양소를 골고루 먹을 수 있는 여건이 되므로 저녁식사는 어떤 것을 선택해도 무관해요.
  단, 아침, 점심 중에서 탄수화물을 많이 먹었다면
  저녁에는 단백질 위주의 식사를 선택(고기가 들어간 요리)하고,
  반대의 경우라면 저녁에 탄수화물 위주(46쪽의 밥, 빵, 면)로 선택하는 것이 좋지요.
  하루 중 부족한 영양을 저녁식사로 챙기세요.

아침 식사를 하지 않는 경우

- 아침에 밥을 먹으면 속이 더부룩해서라든지, 시간이 없어서라든지, 아침 식사를 하지 않는 분들이 해당돼요.
- 저녁식사 후 다음 날 점심 때까지의 공복이 너무 길기 때문에 저녁을 든든하게 챙기는 것이 좋아요.
  대개 단백질이 많이 들어간 요리를 추천하지요.

추천 저녁

	골뱅이 두부면볶음 60쪽	두부패티 버거 62쪽	오코노미야키 82쪽	참치 타다키 86쪽	깻잎 쇠고기 두부소보로 88쪽

생활 패턴이 불규칙한 경우

- 제시간에 맞춰 식사를 하기 어려운 분들이 생각보다 많아요. 저희 역시 수업이 많으면 그렇기도 하고요.
  그런 분들이라면 주목!
- 이경우 식사를 대충 하거나 또는 굶는 때가 많을 텐데요,
  책에 소개해드리는 요리는 대부분 15분이면 만들 수 있는 간단한 것이니 꼭 챙기도록 하세요.
  또는 미리 만들어뒀다가 먹을 수 있는 요리로 저녁식사를 구성하는 것도 방법이지요.

추천 저녁

자투리채소 달걀밥전 54쪽 | 브레드 푸딩 68쪽 | 에그롤 96쪽 | 라이스페이퍼 군만두 106쪽 | 오버나이트 오트밀 131쪽

매일 책 속 다이어트 저녁식사를 따라 할 수 있다면 가장 좋겠지만, 불가능할 때도 많지요.
처음 따라 하는 분들이라면 아래 내용을 참고해서 내 상황에 맞는 다이어트 식단을 구성해 볼까요?

저녁 회식이나 약속으로 외식을 하는 경우

- 이럴 때는 그날의 아침, 점심을 가볍게 먹도록 하세요.
  책에서 소개한 모든 15분 저녁식사는 당연히 아침, 점심으로 선택해도 좋답니다.
- 또한 저녁 외식 메뉴를 현명하게 골라보세요. 고기를 먹는다면 지방이 적은 부위를 선택하고,
  채소를 듬뿍 더하고, 염도 높은 국물 요리는 피하세요.
  튀기거나 기름진 요리보다는 굽거나 찌는 것을, 양념이 적은 요리가 좋지요.
  만약 내가 메뉴 선택을 하기 어려운 상황이라면? 먹는 양만 줄여도 충분합니다.

과식한 다음날 식단

- 다이어트 도중 식욕을 참지 못하고 과식을 하게 되는 일은 누구에게나 있을 수 있는 상황입니다.
  하루 과식했다고 다이어트에 실패하는 것은 아니니깐 좌절하지 마세요.
  이럴 때는 재빠르게 원래의 생활로 돌아가는 것이 정답!
  과식한 다음 날은 평소보다 조금 더 가벼운 메뉴로 저녁을 구성해보세요.

 추천 저녁

시리얼 달걀 샐러드 26쪽	두부스테이크 샐러드 28쪽	양송이버섯 카나페 94쪽	메네멘 98쪽	두유 에그슬럿 108쪽

생리 전, 몸이 많이 붓는 날

- 어떤 방어책을 마련해도 답이 없는 생리 전의 몸. 특히 부기가 심해지는 경우가 많다 보니
  가능한 염도를 낮춰서 식사를 하되 부기 제거에 도움을 주는 호박, 녹차나
  나트륨 배출에 좋은 칼륨이 풍부한 토마토가 재료로 쓰인 요리를 식단에 넣어주세요.

 추천 저녁

연어 녹차밥 50쪽	단호박 오트밀수프 72쪽	게맛살 그라탕 92쪽	토마토수프 100쪽	자투리채소 프리타타 102쪽

난이도 & 상황에 맞춰 하루 홈트 계획을 짜보세요!

입문자를 위한 15분 프로그램

입문자의 경우 운동을 해야 한다는 강박감 부담, 스트레스를 줄이는 것이 중요해요. 많은 양을 하기보다는 정확한 자세 위주로 올바르게 운동하는 습관을 들이는 것이 좋습니다.

초급자를 위한 30분 프로그램

입문자 프로그램으로 운동 동작을 몸에 익혔다면 이제 한 단계 올려볼까요? 보다 더 나은 체력 증가와 운동 효과를 위해 전신운동을 나눠 가며 해보세요.

하체 혈액 순환을 원활하게!

다리와 등을 튼튼하게!

어깨, 다리가 뭉쳤다면!

상급자를 위한 50분 프로그램

홈트 상급자가 되었군요! 운동량을 늘려 매일 다양한 부위를 자극하되, 상반신과 하반신을 고루 운동하는 것이 좋아요. 오늘 허리, 가슴 운동을 했다면, 내일은 엉덩이와 어깨, 이런 식으로 말이지요.

챕터 5_필라테스 홈트(132쪽)에서는 총 10일동안 할 수 있는 하루 15분 홈트, 그리고 꼭 알아두면 좋은 기본 필라테스 동작, 스트레칭 등을 소개하고 있어요. 아래 상황에 맞춰 나만의 하루 홈트 계획을 짜보세요.

* 몸의 근육을 풀어주는 1분 스트레칭, 전신 운동이 되는 롤 다운 & 롤 업은 난이도, 상황과 관계없이 매일 진행하는 것이 좋아요.

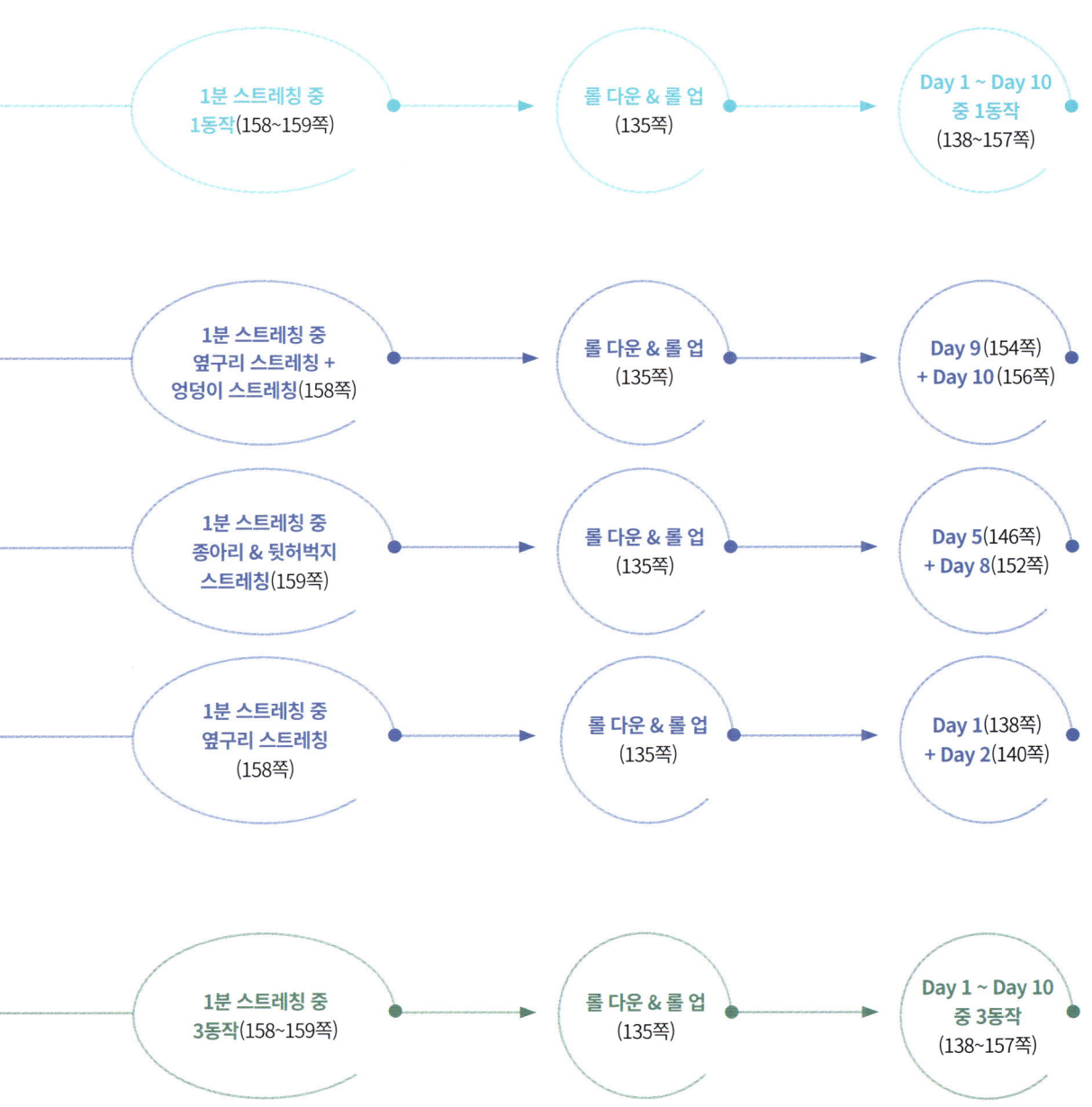

가나다 순

ㄱ
게맛살 고구마 수프	076
게맛살 그라탕	092
고구마 핫케이크	066
고구마칩	117
골뱅이 두부면볶음	060
골뱅이 부추 샐러드	044
골뱅이 실곤약비빔면	058
구운 쇠고기 샐러드	032
그릭 요거트바	124
깻잎 쇠고기 두부소보로	088
꿀바나나 연두부	116
꿀배즙 육회 샐러드	040
꿀치킨	080

ㄷ
단호박 오트밀수프	072
닭가슴살 너겟 샐러드	024
닭가슴살 오트밀죽	074
닭가슴살 육포	121
닭가슴살 차슈덮밥	052
닭가슴살 토마토밥	048
당근케이크 쉐이크	114
동남아풍 라이스페이퍼 피자	064
두부스테이크 샐러드	028
두부 초콜릿 스프레드	123
두부패티 버거	062
두유 에그슬럿	108
두유푸딩	113

ㄹ
라이스페이퍼 군만두	106
라이스페이퍼 호떡	122
레몬크림 새우	036
레몬타르트 쉐이크	115

ㅁ
마늘 후레이크 골뱅이	042
메네멘	098
미니 그래놀라바	125

ㅂ
브레드 푸딩	068
바나나 컵빵	130

ㅅ
사과잼 과자	126
새송이버섯 쇠고기 샐러드	034
시리얼 달걀 샐러드	026
실곤약 잡채	056

ㅇ
양송이버섯 카나페	094
에그롤	096
연두부 샐러드	030
연어 녹차밥	050
오버나이트 오트밀	131
오코노미야키	082
오트밀 바	127
오트밀 쿠키	128
오트밀 크레페	070

ㅈ
자투리채소 달걀밥전	054
자투리채소 프리타타	102

ㅊ
참치 타다키	086
채소 듬뿍 두부찜	084
채소라자냐	104
치즈과자	118

ㅌ
타르타르 소스 연어구이	090
토마토 셔벗	112
토마토수프	100
통깨 드레싱 닭가슴살구이	022
통밀 베이글칩	119
통밀 또띠야칩	120

ㅍ
프로틴빵	129

ㅎ
하와이안 새우 샐러드	038

주재료 별

닭가슴살, 닭안심
통깨 드레싱 닭가슴살구이	022
닭가슴살 너겟 샐러드	024
닭가슴살 토마토밥	048
닭가슴살 차슈덮밥	052
닭가슴살 오트밀죽	074
꿀치킨(닭안심)	080
오코노미야키	082
양송이버섯 카나페	094
자투리채소 프리타타	102
라이스페이퍼 군만두	106
닭가슴살 육포	121

쇠고기
구운 쇠고기 샐러드	032
새송이버섯 쇠고기 샐러드	034
꿀배즙 육회 샐러드	040
깻잎 쇠고기 두부소보로	088

해산물
레몬크림 새우(새우)	036
하와이안 새우 샐러드(새우)	038
연어 녹차밥(연어)	050
동남아풍 라이스페이퍼 피자 (건새우)	064
참치 타다키(참치)	086
타르타르 소스 연어구이(연어)	090

달걀
시리얼 달걀 샐러드	026
자투리채소 달걀밥전	054
동남아풍 라이스페이퍼 피자	064
브레드 푸딩	068
오트밀 크레페	070
에그롤	096
메네멘	098
자투리채소 프리타타	102
두유 에그슬럿	108
라이스페이퍼 호떡	122
바나나 컵빵	130

두부
두부스테이크 샐러드	028
연두부 샐러드	030
골뱅이 두부면볶음	060
두부패티 버거	062
오코노미야키	082
채소 듬뿍 두부찜	084
깻잎 쇠고기 두부소보로	088
꿀바나나 연두부	116
두부 초콜릿 스프레드	123

고구마, 단호박
고구마 핫케이크	066
단호박 오트밀수프	072
게맛살 고구마 수프	076
고구마칩	117
프로틴빵(고구마)	129

오트밀
오트밀 크레페	070
단호박 오트밀수프	072
닭가슴살 오트밀죽	074
오트밀 바	127
오트밀 쿠키	128
오버나이트 오트밀	131

토마토
닭가슴살 토마토밥	048
게맛살 그라탕	092
메네멘	098
토마토수프	100
채소라자냐	104
토마토 셔벗	112

골뱅이
마늘 후레이크 골뱅이	042
골뱅이 부추 샐러드	044
골뱅이 실곤약비빔면	058
골뱅이 두부면볶음	060

건강한 그래놀라는 맛없다? **NO!**
건강하고 맛있는 한끼 완성하는 **핏콩 그래놀라**

'그래놀라'하면 당이 많아 몸에 안좋을 거라 생각하는 분들이 많죠.
'속세과자 못지않은 맛'은 물론, 엄선된 원재료와 착한 영양성분까지 잡은
핏콩 그래놀라로 안심하고 즐겨보세요!

FitKong

건강한 식습관을 제안하는 감성 먹거리 브랜드. 몸에 필요한 영양을 꼼꼼히 따져 선택한 식품으로 소비자에게 다가가고자 한다.
'식이섬유 짱짱한' 타이거넛츠를 메인원재료로 '몸에 꼭 필요한 단백질'까지 채운 간식라인 전문 브랜드다.

공식 스토어 www.fitkong.co.kr | 인스타그램 @fitkong_official | 유튜브 핏콩다방

안자매의 최애 닭가슴살, **헬스앤뷰티**

" 다이어트도 맛있게 해야 성공한다! "

[다이어트와는 뗄 수 없는 식단 관리, 매일 지겹고 맛없게 하셨나요? 헬스앤뷰티와 함께하면 매일매일 새롭고 맛있게]

헬스앤뷰티 " 현미 닭가슴살 치즈 핫도그 "

: 다이어트 핫도그는 맛이 없을 거라는 편견을 깬 헬스앤뷰티의 대표 간식 현미 닭가슴살 치즈 핫도그
촉촉한 현미빵 속 부드러운 치즈와 쫄깃한 닭가슴살 소시지가 쏙 들어있어 다양한 식감으로 즐길 수 있어요.
에어프라이어에 구워서 겉바속촉으로, 전자레인지 조리로 한층 더 촉촉하게, 와플 팬에 눌러 담백하고 바삭하게!

헬스앤뷰티 " 더 부드러운 닭가슴살 "

: 닭가슴살이 맞아? 싶을 정도로 극강의 부드러운 식감의 닭가슴살이에요.
오리지널과 불갈비, 칠리맛, 핵불닭, 놀라지마라, 스노우크림 소스 닭가슴살까지 총 6종의 더 부드러운 닭가슴살 라인으로
매일매일 색다르게 또 각종 요리에 활용해 더욱 다양한 나만의 식단을 즐겨보는 건 어떨까요?

<u>헬스앤뷰티</u> 공식인스타(@hnbclub_)에서 헬스앤뷰티 제품을 활용한 다양한 식단을 확인해보세요!